JN325912

自由市場とコモンズ

―― 環境財政論序説 ――

片山博文

『自由市場とコモンズ──環境財政論序説』 目次

序 論　環境財政論と2つの環境主義 …………………………… 7

第1章　欧州環境財政の形成と挫折 ………………………………13

　はじめに　「税財政のグリーン改革」と欧州環境税制改革　13
　第1節　環境税から環境税制改革へ　14
　第2節　エコロジー的近代化　20
　第3節　環境税の現象学──PETRAS調査から　27
　おわりに　環境税制改革における「国家性」のパラドクス　32

第2章　補助金グリーン改革の諸相 ………………………………37

　はじめに　「税財政のグリーン改革」における補助金改革　37
　第1節　補助金の理論的・方法論的諸問題　38
　第2節　補助金問題の現状と補助金改革の諸相　42
　第3節　補助金改革の政治力学──グリーン・シザーズ運動　54
　おわりに　エコロジー的近代化と自由市場環境主義　58

第3章　自由市場環境主義と自生的秩序 …………………………65

　はじめに　アメリカにおける自由市場環境主義の台頭　65
　第1節　自由市場環境主義の理念的立場　67
　第2節　自生的秩序と自由市場環境主義の反国家主義　71
　第3節　〈財政―権利〉図式とハイエクの財政観　73
　第4節　〈集権―分権〉図式と自由市場環境主義の反コモンズ主義　79

第4章　オーストリア学派の外部性概念……………………………87

　はじめに　自由市場環境主義とオーストリア学派　87
　第1節　「市場の失敗」から「制度の失敗」へ──オーストリア学派の
　　　　　外部性理論　88
　第2節　オーストリア学派の課税アプローチ批判　97
　第3節　オーストリア学派のコース社会的費用論批判　102
　おわりに　オーストリア学派による環境財政の解体　110

第5章　所有権社会における私有化と環境保全………………………115

　はじめに　自由市場環境主義と所有権社会　115
　第1節　所有個人主義と「私有化」の2つの側面　116
　第2節　所有権社会の政治過程とその矛盾　120
　第3節　所有権社会における環境保全の問題点　129
　おわりに　成長主義としての自由市場環境主義を超えて　137

第6章　最適規模とコミュニティの経済学 ……………………………143

　はじめに　コモンズ環境主義とデイリー理論　143
　第1節　最適規模の経済学──デイリー理論の概要　144
　第2節　最適規模の政策論とコミュニティ　150
　第3節　コミュニティの経済学とグローバル・コモンズの管理　160
　おわりに　コモンズ環境主義としてのデイリー理論の意義と限界　166

第 7 章　ベーシック・インカムと「レントの経済学」 ………171

　　はじめに　「コモンズの経済学」から「コモンズの財政学」へ　171
　　第 1 節　　社会権型ベーシック・インカム　172
　　第 2 節　　環境権型ベーシック・インカム　178
　　第 3 節　　所有権型ベーシック・インカム　185
　　おわりに　「レントの経済学」の可能性　190

結　語　財政による「環境コモンズ」の再生へ向けて ………197

　　あとがき　203
　　参考文献　205

　　　　　　　　　　　　　　　　　　　　　　　　装幀　比賀祐介

序論　環境財政論と2つの環境主義

　今日、持続可能な経済社会を形成するために、税財政を環境保全的なシステムへと改革していくことが、ますます重要になっている。経済に対する税財政の影響力は極めて大きい。先進国における財政規模は、各国の国内総生産のほぼ4割から7割近くに達している。歳入面では、税制を通じて様々な生産要素の相対価格と資源配分に作用し、歳出面では、補助金体系を通じて特定の産業や社会層に便益を与え、また政府自ら市場経済における巨大な経済主体として、インフラ建設をはじめとする投資や消費の活動に従事している。このような税財政のシステムに環境への配慮を反映させ、さらに税財政を持続可能性（sustainability）の原理にもとづいて再構築していくことが、新しい経済社会を形成していくうえでの重要な推進力の1つとなることが期待される。そして、税財政の抜本的な改革プロセスを通じて、「環境保全型財政」（environmental public finance）とよぶべき新しい税財政システムの形成をめざしていくことが、この21世紀における重要な課題になっている。「環境財政論」とは、こうした課題を実現するための学問分野に他ならない。

　このような「環境財政論」の中心をなすのが、環境税に代表される環境保全への「財政論アプローチ」であるが、財政論アプローチは、しばしば、排出権取引に代表される環境保全への「権利論アプローチ」と対比される。両者のアプローチはこれまで、環境政策論の標準的な枠組みにおいては、各政策手段のメリット・デメリットの比較や、政策の実施に必要な情報の比較、またそれらをふまえたポリシー・ミックスのあり方といった点を中心に論じられてきた。しかし、私の主たる関心は、そのような環境政策論の機能論的な考察よりも、むしろ、両者のアプローチの背後に存在してそれらを規定している、世界観ないしイデオロギーの相違にある。というのは、両者のアプローチに関する近年の議論をみると、その背景には、単に両政策手段の利害

得失を機能論的に論ずるというよりも、世界観ないしイデオロギー的立場をも含めた、より大きな「環境主義」のレベルにおける対立関係があるように思われるからである。

　このような環境政策論の背後にある世界観やイデオロギーを、「ビジョン」(vision) と呼ぶことができよう。ここで「ビジョン」とは、シュムペーターがその著書『経済分析の歴史』の中で提起した概念を念頭に置いている。彼によれば、何らかの経済分析を行うためには、「分析的努力に当然先行するものとして、分析的努力に原材料を供給する分析以前の認知活動」(シュムペーター [1954] p. 79) がなければならない。シュムペーターは、この「分析以前の認知活動」(preanalytic cognitive act) を、「ビジョン」と呼んだ。また、経済学におけるビジョンの重要性を強く主張してきたR. ハイルブローナーは、W. ミルバーグとの共著において、ビジョンに関して次のように論じている。彼らは、ビジョンを「あらゆる社会思想に浸透している――すでに述べたようにおよそ十分な論理化がなされていない――政治的な希望や恐怖、社会的ステレオタイプ、価値判断」であると述べる。彼らによれば、こうしたビジョンは、「本来なら無垢な領域に法外な仕方で浸入するのではなく、むしろ心理的あるいは実存的といってもよいような必然性をもって浸透する」ものである。したがって、ビジョンは単なるイデオロギー的偏向ではない。それは分析と一体となってわれわれの認識行為を形成するものであり、「いかなる社会分析も『ビジョン』という基礎なしにはありえない」のである(ハイルブローナー他 [1995] pp. 6-9)。ここでは、「ビジョン」という言葉は、ほとんど世界観ないしイデオロギーと同一の意味に用いられているが、私のいうビジョンとは、このハイルブローナーの定義に近いものである。

　以上をふまえ、私は、現代における環境政策論の権利論アプローチと財政論アプローチの背後にあるビジョンを、それぞれ「自由市場環境主義」(free market environmentalism) と「コモンズ環境主義」(commons environmentalism) と定式化することにしたい。自由市場環境主義とは、環境破壊の原因を自然に対する所有権と市場の欠如に求め、自然資源に対する私的所有権の

設定とその売買を通じて、望ましい資源管理を行おうとする立場のことである。一方、コモンズ環境主義は、環境の公共財ないしコモンズとしての性格と価値を認め、環境税と環境保全型補助金の積極的な活用を通じて、失われたコモンズを現代に復権させようと試みる。ここには、ポスト冷戦と地球環境時代の到来という、時代の転換期における環境保全のあり方をめぐるビジョンの対立がある。冷戦と産業公害の時代において環境政策論の主要なテーマをなしていたのは、経済的手段と直接規制の優位性に関する議論であったが、その背後には、「資本主義か社会主義か」という、体制選択をめぐるビジョンの対立が存在した。それに対して、現在のポスト冷戦と地球環境問題の時代における環境政策論は、市場とコモンズの評価をめぐるビジョンの対立となって現れているというのが、私の基本的な考えである。

一方、この「市場原理」と「コモンズ原理」をそれぞれ編成原理とする2つの環境主義は、ある1つの大きな共通点を有している。それは「反国家主義」への志向性である。20世紀は開発と環境破壊の歴史であったが、周知のように環境経済学や環境政策論においては、その主要原因の1つが国家主導の環境保全にあったと総括されている。すなわち、国民国家の環境よりも成長を重視する「生産力主義」(productivism)と集権的な「指令・統制型規制」(command and control)が、環境破壊を深刻化させる大きな要因であった。とくに、ソ連をはじめとする旧社会主義国において明らかとなった環境破壊の現状は、そうした国家主導の環境保全の限界を最も顕著に示すものであった。それゆえ、国家主義の否定こそが、ポスト冷戦における環境保全の出発点なのである。それは上述の2つの環境主義にとっても例外ではない。自由市場環境主義・コモンズ環境主義の双方とも、ポスト冷戦における環境主義として、「反国家主義」のエートスを共有している。

しかしながら、反国家主義の実現戦略は、両環境主義で全く異なっている。自由市場環境主義が、環境保全における国家財政の役割、ひいては財政そのものの役割を全面的に否定し、もっぱら市場制度を通じて環境保全を行なおうとするのに対して、コモンズ環境主義は、財政を通じた「重層的コモンズ」

の再建によって、国家主義を相対化しようとする。すなわち、国民国家の形成過程で分断され失われた「ローカル・コモンズ」や「リージョナル・コモンズ」、また地球環境問題の深刻化とともに出現しつつある「グローバル・コモンズ」のように、ほんらい重層的な存在であるコモンズを、環境財政の形成を通じて復権させることにより、国家の論理を乗り越えようとする。このように、環境財政は2つの環境主義が激しく抗争する中心的な場の1つなのである。

　本書では、環境財政をめぐる2つの環境主義の対立と相克を、主に理論的な観点から追求している。本書は7章から構成されるが、その内容は、大きく3つの部分に分けることができる。まず第1章・第2章では、欧米先進国における「税財政のグリーン改革」の収入面の改革である税制改革と、支出面の改革である補助金改革の現状を概観する。第1章では、「税財政のグリーン改革」における税制改革の代表的事例である欧州の「環境税制改革」を批判的に取り上げ、それが「エコロジー的近代化」理論に基づく「効率性アプローチ」の影響を受けた改革構想であることを明らかにする。第2章では、欧米諸国の「補助金グリーン改革」の動向を追うことによって、「効率性アプローチ」に基づく「税財政のグリーン改革」が、環境財政そのものを否定する、自由市場環境主義という全く対立する思想を内包していることを論ずる。

　次の第3章から第5章までは、自由市場環境主義の有する理論構造とその限界の考察に充てられる。考察の中心は、同主義と深い関連を有するオーストリア学派の財政論・市場論が、環境財政論に対して有する含意である。第3章では、自由市場環境主義の理念的内容を紹介し、その理論的背景をなすハイエクの「自生的秩序」における財政観を分析することによって、自由市場環境主義がハイエク自生的秩序論をも超えた徹底的な「反コモンズ主義」の立場に立っていることを明らかにする。次に第4章では、オーストリア学派によるピグー的外部性概念と「財政論アプローチ」に対する批判、および

彼らが代替的に提示する私的所有と「カタラクシー」概念に基づく外部性理論を検討する。同学派による批判の要点は、財政論アプローチが有する功利主義的性格と、権利論的基礎づけの欠如である。さらに、オーストリア学派による徹底した功利主義批判の矛先は、一般に代表的な権利論アプローチとされるロナルド・コースの社会的費用論にも及ぶ。そして第5章では、ブッシュ政権の提唱する「所有権社会」における環境保全の論理構造を分析し、その成長主義的性格が、同環境保全における「個人化」と「市場化」という形で論理的な矛盾を引き起こしていることを指摘する。

第6章と第7章は、コモンズ環境主義の財政原理の考察に充てられる。第6章では、ハーマン・デイリーの「最適規模とコミュニティの経済学」の理論内容を概観し、持続可能性という政策目標を実現するため、デイリーが資源配分や分配と異なる「規模」という独自の政策領域を確立したことを示す。次に第7章では、ポスト生産力主義の代表的な政策構想であるベーシック・インカムの環境財政としての可能性を検討する。ここでは、主としてジェームス・ロバートソンの一連の社会構想論に依拠しながら、持続可能性と共有の論理を結合させる中心概念として「レント」の概念に着目し、それが「コモンズの財政学」の展開に対して有する可能性を検討する。

このように、両環境主義の相克は、私有と共有、功利主義と権利、生産力主義とポスト生産力主義といった対立のモメントをはらみながら展開していく。その論理をできる限り明快に摘出することが、本書のテーマである。

第1章　欧州環境財政の形成と挫折

はじめに　「税財政のグリーン改革」と欧州環境税制改革

　序論でも論じたように、持続可能な社会を形成するための税財政システムの改革と環境保全型財政の形成は、現代社会が直面する最重要な環境課題の1つである。以下本書では、このような改革を総称して「税財政のグリーン改革」(green reform of taxation and fiscal policy) と呼ぶことにするが、これまでのところ、同改革をもっとも積極的・意識的に追求してきたのは欧州諸国である。周知のように欧州諸国は、1990年代から「環境税制改革」(environmental tax reform、ETR) ないし「エコロジカル税制改革」(ecological tax reform) とよばれる一連の税制の構造改革に着手してきた。「環境税制改革」とは、労働・資本課税に代表される伝統的な課税領域から、資源利用・汚染のような環境にダメージを与える活動へと課税負担をシフトさせる国内税制の改革である。環境税制改革では、いわゆる「グッズ減税・バッズ課税」の考え方を税制全体に適用することにより、持続可能な発展の見地から消費者・生産者へ適切なシグナルを与え、経済全体に租税負担をより適切に配分することがめざされる (EEA [2005] p.84)。欧州環境税制改革は、まさに「税財政のグリーン改革」を通じた「環境保全型財政」の形成をめざす代表的な取り組みの1つといってよい。

　本書では、まず欧州において誕生したこの「環境税制改革」を考察の対象にとりあげる。欧州環境税制改革に関しては、これまでわが国においてもさまざまな紹介や考察がなされているが、本章では、同改革を環境保全に対する「効率性アプローチ」の一種と特徴づけている。「効率性アプローチ」とは、持続可能性の実現を効率性問題ととらえ、経済の効率性を改善すること

によって環境問題を解決できるとする立場のことである。効率性アプローチは現代における環境保全の中心的なアプローチの1つであるが、それが果たして環境財政論の理論的基盤たりうるのかについては、特別の検証を必要とする。そこで以下本章では、まず第1節で欧州諸国における環境税制改革の展開を概観し、第2節で環境税制改革の背景をなす「エコロジー的近代化」理論の内容を説明する。次に第3節において、環境税制改革に対する社会的反応を分析し、その意味するところを「エコロジー的近代化」理論との関係において考察する。以上を通じて、欧州「環境税制改革」の有する性格とその限界を明らかにすることが、本章の目的である。

第1節　環境税から環境税制改革へ

(1) 環境税の多様化と進化

　現在の先進国における環境政策の大きな特徴は、環境保全の「経済的手段」(economic instruments) を活用する動きが拡大してきたことである。様々な財や経済活動に対して課される税・課徴金は、そうした経済的手段の中心をなしている。ここでは、何らかの形で環境面への効果や影響をもたらす税・課徴金を総称して「環境税」(environmental tax) とよぶことにするが、こうした環境税導入についての考え方は、ピグーの『厚生経済学』(1920) におけるいわゆるピグー税の提唱以来、経済学の伝統のなかでは比較的長い歴史を有している。環境税は、外部性を発生させる財・サービスの価格に環境コストを反映させることによって、市場価格と資源配分の歪みを修正し、こうした外部性の価格への内部化を通じて、生産者と消費者の行動変化を促すインセンティブを与える。そして、これによってコスト効果的に汚染の制御を達成することができ、また、生産者にとっては技術革新の促進要因として機能するものと考えられている。

　しかし、環境税が先進国において本格的に議論され、現実の政策手段として導入されるようになったのは、1970年代に入ってからである。その展開過

程は、大きく1970年代から80年代にかけての「第1の波」、そして90年代から現在に至る「第2の波」に区分することができる。「第1の波」における環境税は、当時OECDが環境保全の基本原則として勧告した「汚染者負担原則」(polluter pays principle、PPP) を実現するための政策として位置づけられた。この時期に主として導入されたのは大気汚染物質や排水に対して賦課する税・課徴金であり、いわゆる排出税（emission tax）がその中心であった。70年代に導入されたオランダやドイツでの「排水課徴金」、あるいは、日本の公害健康被害補償法（1973年制定、1974年施行）にもとづく「汚染負荷量賦課金」などがその代表的な事例である。これに対して環境税の「第2の波」では、環境課税は単に環境浄化や環境保護のために「汚染者に負担させる」ための方法にとどまらず、いわゆる指令・統制型規制（command and control）よりも効率的な「市場ベース」の環境政策手段としてとらえられるようになる。汚染をもたらす様々な製品に対する製品税（product tax）や税差別化（tax differentiation）の試みが現れ、北欧諸国をかわきりに炭素税を導入する国が増大するなど、この時期に環境税の適用領域は大幅に拡大し、その結果、環境税は多様な課税方法と課税ベースを有する新たな税領域を形成するに至ったのである。

　環境税の多様化は、環境税が導入される際の政策目的の多様化にもみてとることができる。現行の環境税をその政策目的と収入の主な用途の相違によって分類すると、次の3類型に区分される（EEA [1996] pp. 21-22）。第1の類型は、費用調達課徴金（cost-covering charge）である。これは、環境の利用者にモニタリングや汚染防止など環境利用の制御コストを負担させるものである。この費用調達型課徴金は、さらに、①環境利用者が享受する特定の環境サービスのために支払う利用者課徴金（user charge）と、②課徴金支払者に対する特定のサービス供与の形をとらない使途特定課徴金（earmarked charge）に分けることができる。第2の類型は、インセンティブ税（incentive tax）である。これは、税収を直接の目的とせず、純粋に環境にダメージを与える行動を変化させる政策目的をもって課される税である。このようなイ

ンセンティブ税の水準は、理論的には、環境ダメージのコスト算定に応じて設定する場合と、一定の環境目標を達成するのに必要な価格シグナルの水準に応じて設定する場合の2つが考えられる。通常、前者をピグー税、後者をボーモル・オーツ税と呼ぶ。なお、インセンティブ税の収入は、しばしば支払者に対する様々な税制上の優遇策を通じてその行動変化をいっそう促すために用いられる。第3の類型は、歳入環境税（fiscal environmental tax）である。このタイプの環境税では、支払者の行動変化を促すことも意図されてはいるが、関連する環境規制に要求されるコストを上回って、かなりの税収を確保することが目的とされる。この税収は、財政赤字の削減や他の税種目の減税などの財源に用いられることもある。[4]

これらそれぞれの類型の政策目的は、もちろん相互に排他的なものではない。しかし、税財政のグリーン改革は、費用調達課徴金からインセンティブ税へ、そして歳入環境税へと次第にその重点を移してきたといえる（EEA [2000] p. 21）。そして、このプロセスのなかから税財政のグリーン改革の新たな段階を画する構想として登場してきたのが、「環境税制改革」の構想である。

（2）環境税制改革と新しい成長モデル

環境税制改革構想の中心原理は、第1に、労働課税から資源課税への大規模な課税転換をめざす「タックス・シフト」（tax shift）である。タックス・シフトは、環境税収入を納税者に還元する「税収リサイクル」（tax revenue recycling）が発展したものである。税収リサイクルとは、税収の直接的で追跡可能な還元プロセスであり、その還元方法の直接性・透明性に応じて、大きく2つのレベルに分けられる。最も直接的なレベルでは、税収はそれを支払った者に直接戻される。より間接的なレベルでは、環境税収入は他税とくに所得税などを減税するために用いられる。このような税収リサイクルとしてのタックス・シフトは、もともとは環境税の導入にともなう財政の収入中立性（revenue neutrality）を維持するための手段であった。すなわち、納税

図1-1　タックス・シフトの概念図

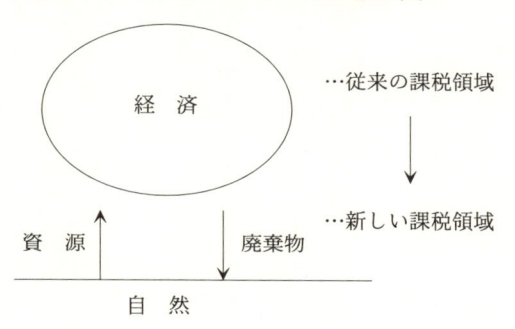

```
        ┌─────────┐
       (   経 済   )  …従来の課税領域
        └─────────┘
                        ↓
      ↑        ↓      …新しい課税領域
    資 源    廃棄物
   ─────────────────
          自 然
```

者の総財政負担を一定に保つことによる、新税導入による否定的影響の緩和や、導入に対する政治的抵抗の回避を主要目的とするものである。しかし、もし導入される環境税の規模が歳入全体の規模からみて無視し得ない大きさになるならば、それは税収リサイクルという当初の役割を越えて、課税体系そのものの構造変化をもたらすことになる。つまり、タックス・シフトとは、労働や資本といった従来の課税領域から、自然資源や汚染物質などの新しい領域へと課税の重心を移す課税領域そのものの移行・転換の過程であり、これは言いかえれば、人間と人間の相互行為から、人間と自然との物質代謝への課税領域の移行である（図1-1）。

　環境税制改革の第2の原理は、環境税およびタックス・シフトが提示する新しい経済モデルと、それによってもたらされる「二重の配当」（double dividend）である。欧州委員会によって1993年に発行された『成長・競争力・雇用に関する白書：21世紀へ向けた挑戦と道筋』（いわゆる「ドロール白書」）は、環境税制改革構想を論じた初期の公式文書であるが、そこではこれからのあるべき成長モデルの姿が以下のように論じられている。欧州共同体における現行の発展モデルは、「労働資源の過少消費」と「環境資源の過剰消費」、すなわち失業と環境破壊の共存によって特徴づけられる。こうした非合理性が発生する原因は、成長の源泉を労働生産性の向上と資源浪費に求める従来型の成長モデルにある。この成長モデルは、人間を経済からたえず「搾り出

表1－1　欧州諸国におけるタックス・シフト

国名	タックス・シフト から	タックス・シフト へ	コメントと所見－シフトされた税収
フィンランド 1990、1997	労働・個人所得への課税、雇用主の社会保障負担	エネルギー税、CO_2税、埋立税	1997年、55億フィンランド・マルッカの税収減に対して、その一部をエネルギー税（11億マルッカ）と埋立税率の引上げ（3億マルッカ）からの歳入でファイナンスするよう計画された エネルギー税率（CO_2税を含む）が引き上げられたのは、2003年の5.2％のみであった。この引上げは、追加的エネルギー税収を上回る所得税減税と直接的には結びついていない。それゆえ、この税制改革は税収中立ではない
スウェーデン 1991、および10ヵ年タックス・シフトプログラム（2001-2010）	個人所得税と社会保障負担	CO_2税・SO_2税を含む環境・エネルギー税	10ヵ年プログラムの最終年である2010年には、合計で300億スウェーデン・クローネ（33億ユーロ）がシフトされる（GDPのおよそ1.4％に相当）
デンマーク（＊） 1993、1995、1998	1993年改革：個人所得税率の引下げ	1993年改革：化石燃料・電力・廃棄物に対する既存税の引上げと、上下水道・買物袋への新税	1993年改革：1998年には、450億デンマーク・クローネの収入の損失は、エネルギー税・賃金税の引上げと課税ベースの拡大（税制上の特典の廃止）によって埋め合わされた
	1995年改革：社会保障負担の削減、補足年金支払い、省エネルギー投資への補助金	1995年改革：エネルギー税の引上げ（ただし産業は自主協定を結んだ際には還付される）とSO_2および天然ガスへの新税	1995年改革：エネルギー税から生じた収入の主要部分は、企業の省エネルギー投資の資金供給、雇用主の社会保障負担の軽減、中小企業支援のために充てるよう計画された
	1998年改革：低中所得層に対する個人所得税率の引下げ	1998年改革：エネルギー税（15-25％）と財産税の引上げ	1998年改革：2002年には、所得税100億クローネの損失が、60億クローネ（エネルギー税）と70億クローネ（財産税）の税収により埋め合わされた

オランダ 1996、2001（財政枠組みの完全オーバーホールの枠組みにおける新しい環境税のパッケージ）	個人所得、法人利潤、雇用主の社会保障負担	エネルギー、CO_2（規制エネルギー税）、水、廃棄物	収入は、雇用主の社会保障負担の0.19％削減、自営業者の税額控除の1300ギルダー引上げ、最初の10万ギルダーの利益に対して企業収益税の3％削減、所得税の0.6％削減、基礎一律手当の80ギルダー増額、老年者の免税手当100ギルダー増額にリサイクル およそ9億3000万ギルダーが産業に、12億3000万ギルダーが家計にリサイクル
イギリス 1996	雇用主の国民保険負担	1996：埋立	1996：収入は、雇用主の国民保険負担を10.2％から10％へと0.2％減額するのに用いられた
2001	雇用主の国民保険負担	2001：気候変動賦課金の下でエネルギー/CO_2排出	2001：収入は雇用主の国民保険負担の0.3％減額に用いられる；収入は年間およそ10億ポンドと見積もられる
2002	雇用主の国民保険負担	2002：集合賦課金（砂・礫・破砕岩）	2002：収入は雇用主の国民保険負担の0.1％減額に用いられる；収入は2002/03年でおよそ3億500万ポンドと見積もられる
ノルウェー 1999	個人所得税	CO_2、SO_2、エネルギー税	
ドイツ 1999-2003（5ヵ年プログラム）	雇用主と雇用者の社会保障負担	エネルギー（鉱物油、天然ガス、電力）	2003年、雇用主と雇用者の年金負担をおよそ1.7％減額；2003年のエネルギー税収は186億ユーロ
ロシア 2001	個人所得税、道路基金税、賃金税／統一社会税	エネルギー税	主要なタックス・シフトプログラムの1つ；連邦税（個人所得税、賃金税など）の削減を埋め合わせるために、エネルギー税（ガソリン、ディーゼルなど）がおよそ300％引上げられた
オーストリア 2004	個人所得税、企業税	エネルギー税	本税制改革は税収中立ではなく、2年間にわたって実施される；減税総額は、エネルギー税による収入の増額分を上回る

（*）1993年の改革は主に家計を対象とするもので、1994年－1998年の間に実施された。1995年の改革は商工業を対象とするもので、1996－2000年に行われ、1998年の最新の改革は、主に家計を対象とするもので、1999－2002年の間に行われた。

出所：EEA [2005] p. 86

す」ことによって失業を生み出し、膨大なエネルギーと資源を自然から経済に取り込むことによって環境破壊を促進する。これに対して環境税制改革は、労働から資源へのタックス・シフトを通じて、新しい成長モデルの実現をめざす。すなわち、労働生産性と資源浪費に依拠する従来の経済成長から、「資源生産性」(resource productivity) と「環境効率性」(eco-efficiency) に依拠する成長への転換であり、それはまた失業と環境破壊の同時解決をもたらすものである (European Commission [1993] 第10章、Gee [1997] p.81)。

現在までのところ、環境税制改革の主な舞台となっているのは欧州とくに北欧諸国である。例えばスウェーデンは1991年に大規模な税制改革を行い、GDPの6％に相当する税の再配分を行った。その主目的は、労働所得に対する高い限界税率を引き下げることであった。そこでは、税収を一定に保つため、若干の間接税が増税されるとともに、一連の環境税、とくにCO_2税、NO_x税、SO_2税が導入された。デンマークでは、1993年から1998年にかけて、包括的な税制改革が実施されている。全所得階層の限界税率を8〜10％引き下げ、同時にガソリン・エネルギー税の増税、廃棄物課徴金の増税、水供給税の新規導入などを行い、税負担を労働所得から汚染と稀少な環境資源の利用に漸進的にシフトさせることをめざしている。また、同国では、すでに1992年にCO_2税が導入されていたが、1996年から2000年まで、産業のエネルギー利用に対するCO_2税の段階的な引上げが行われた。この増税分の収入は、全て雇主の社会保障負担 (social security contribution) の軽減と省エネルギー投資への補助金という形でリサイクルされている。その他、オランダやフィンランドも環境税制改革に取り組んでおり、この動きは1990年代末にはイギリスやドイツといったEU内の大国にまで広がっている (表1-1)。環境税制改革は、いまや欧州規模の改革として定着するに至ったのである。

第2節　エコロジー的近代化

以上前節では、欧州における環境税制改革の歴史的展開を概観したのであ

るが、その推進力ないし土台となった理論としてまず挙げるべきは、ピグーの古典的厚生経済学に触発された主流派経済学（新古典派経済学）の環境経済学研究である。前節でも述べたように、主流派経済学は、環境税を単なる汚染者負担原則の実現手段としてよりも、環境保全を従来型の政策体系である「指令・統制型規制」よりも効率的に実現する「経済的手段」ないし「市場的手段」（market-based instruments）として規定した。そのことを通じて、環境税を「指令・統制型規制」に対置しうる包括的な政策体系へと再構成したのである。

ところで、環境税制改革にはもう1つの重要な理論的土台がある。それは、「エコロジー的近代化」（ecological modernization）の理論である。エコロジー的近代化理論は、1980年代から一部の社会科学者、とくに政治学と社会学の分野における論者によって展開されてきた環境理論であるが、主流派経済学の環境税理論よりも政治性・イデオロギー性の強い言説として、欧州における環境税制改革の政治潮流を形成する上で大きな役割を演じてきた[5]。それゆえ同理論を理解することは、欧州税制改革の性格を考える上で不可欠であると思われる。そこで本節では、エコロジー的近代化理論の創始者の1人といわれるドイツの社会学者ヨゼフ・フーバー、また現在における同理論の中心的論者であるモルおよびスパーガレンの著作に主として依拠しながら、エコロジー的近代化理論の内容をみることにする[6]。

(1) モダニティと環境との関係

エコロジー的近代化理論の目的は、近代以降、科学技術の進歩や市場経済の拡大、産業発展をもたらしてきた「モダニティ」（modernity）が、現代の環境危機にどのように対処するかを考察・分析することである。従来、モダニティと環境との関係を取り扱う社会理論は、概して両者の間に否定的な連関しか見出してこなかった。その代表が、近代化や産業化それ自体に否定的な「反生産力」（counter-productivity）理論や、資本主義的な生産関係にエコロジー問題の原因をみるマルクス主義である。これらの立場が、モダニティ

を何らかの意味で乗り越えることにより環境危機を克服しようとするのに対して、エコロジー的近代化は、「近代化の過程にさらに入り込むこと」(Mol [1995] p.42) ことこそが環境危機を脱する唯一可能な道であると考える。

　この点について、モルは次のように論じている。近代化のプロセスは、ポランニーが『大転換』で論じたように、伝統的な社会構造からの経済領域の「離床化」(disembedding) の過程として解釈することができる。経済領域の独立化の進行と、社会における支配的な力としての経済的合理性の出現の帰結の一つが、自然の劣化である。したがって、自然と近代社会とのバランスを回復させるためには、ある種の「再床化」(re-embedding) が起こるべきである。しかし、現代の社会・経済関係とその実践はモダニティに深く根ざしているので、もはやそれらを伝統的・地域的な構造と文脈に再床化することはできない。それゆえ、エコロジー的近代化理論は、「モダニティ（の諸制度）の内部における、エコロジー的次元を重視した経済実践の再床化過程の可能性」（強調は原文）を強調する。近代の再床化過程は、生産と消費の社会的実践における「エコロジーの制度化」(the institutionalisation of ecology) に帰結しなければならない (Mol [1996] pp. 305-306)。

　フーバーは、同様の認識として、現代社会は「脱近代化」(demodernization) や「脱産業化」(deindustrialization) ではなく、「超産業化」(superindustrialization) を通じて環境問題に取り組むことが可能であるという考えを示している。フーバーによれば、エコロジー的近代化は産業社会の不可避の発展段階であり、「産業ブレークスルー」(1789–1848)、「産業社会の建設」(1848–1980) に続く第3の局面をなす。全ての段階をつらぬく推進力は経済と技術であるが、発展の第3段階は、人間活動の影響を環境に調和させる必要によって推進され、それはエコロジー的近代化によって実現される。フーバーは、こうしたエコロジー的近代化の精神を、「汚く醜い産業の毛虫が、エコロジーの蝶に姿を変える」という言葉で表現している (Murphy [2000] p.2)。

（2）経済領域からのエコロジーの「解放」

　生産・消費過程においてエコロジーを制度化し、経済実践をよりエコロジー的に健全なものに転換するためには、エコロジー領域がモダニティの経済領域から「解放」されなければならないとエコロジー的近代化理論は主張する。図1－2は、モルやスパーガレンがエコロジー領域の独立過程を概念化したものである。彼らによれば、イデオロギー的・政治的領域から区別されたものとしてのエコロジー領域の「解放」は、ほとんどの産業社会において、1970年代にすでに始まっていたのであるが、現在この過程は、エコロジー領域の経済領域からの独立性の増大として継続している。この解放過程の中心にあるのは、経済的合理性とならぶ「エコロジー的合理性」(ecological rationality) の出現である。

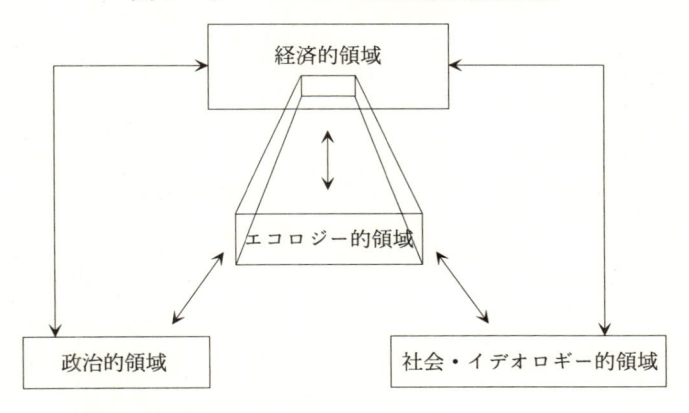

図1－2　エコロジー的領域の独立過程

```
          ┌─────────────┐
    ┌────→│  経済的領域  │←────┐
    │     └──────┬──────┘     │
    │            │            │
    │       ┌────┴────┐       │
    │       │エコロジー│       │
    │       │ 的領域  │       │
    │       └────┬────┘       │
    │      ↙     │     ↘      │
┌───┴────┐       │       ┌────┴──────────┐
│政治的領域│      │       │社会・イデオロギー的領域│
└────────┘              └───────────────┘
```

　　出所：Spaargaren [2000] p. 54.

　このエコロジー的合理性の概念については、さしあたり2つの点を指摘しておく必要がある。第1に、諸合理性の優先度の問題である。エコロジー的近代化理論は、経済的合理性に対するエコロジー的合理性の再評価と解放を要求する点では様々な「環境中心主義者」と軌を一にするが、優先度に関し

ては彼らと異なり、両者はそれぞれ独自の領域と目標を有し、その意味で同等であると考えている。経済のエコロジー的転換は、エコロジー的合理性が長年にわたる経済的合理性の支配に追いつく過程として解釈されるべきであり、経済的合理性の廃止あるいは完全な従属に帰結すべきではない。第2に、「エコロジー的合理性」の定義の問題である。エコロジー的合理性とは何かという点についてはかなりの論争があるが、図1-2におけるエコロジー領域の起源が経済領域にあることにも示されているように、両領域の合理性の間にはかなりの親近性がある。実際、エコロジー的近代化理論がエコロジー的観点から生産・消費過程を分析する際、「労働生産性」や「資本生産性」といった経済概念と類似の概念である「環境生産性」(environmental productivity)や「環境効率性」(environmental efficiency)などの概念が、エコロジー的合理性の指標として最もよく用いられる (Mol [1996] pp. 306-308、Spaargaren [2000] pp. 55-56)。

このように、エコロジー的近代化理論においては、エコロジー領域の経済領域からの「独立」ないし「解放」といっても、なお両者の間にはかなり親和的な関係が想定されていることがわかる。フーバーはこの点に関して、経済とエコロジーの相互関係を「経済のエコロジー化」(ecologizing of economy)およびそれと対をなす「エコロジーの経済化」(economizing of ecology)という概念によって定式化している。「経済のエコロジー化」とは、外部費用を内部化すること、さらには生産・消費の組織化に環境配慮を組み入れることであるが、このプロセスの裏側にあるのが「エコロジーの経済化」、すなわち自然が生産要素へ組み入れられ、自然へ経済価値が付与される過程である。両者はエコロジー的近代化における2つの中心的過程であり、エコロジーがビジネスと産業の「合理的」世界において影響力をもつためには、それがモダニティに対する「ロマン主義的で全体論的な」批判にとどまっていてはならず、「経済のエコロジー化」は、エコロジーが「経済化」の過程を通じて「その純潔を失う」場合にのみ可能となるとフーバーは述べている (Spaargaren [2000] pp. 50-51)。

（3）エコロジー的近代化の具体的過程とその特徴

それでは、「モダニティの内部における経済実践の再床化」とは、具体的にはどのような過程なのであろうか。その特徴は、科学技術、市場経済、国家というモダニティの中心的制度に現れている。

第1に、エコロジー的近代化においては、環境劣化と環境改革における科学技術の役割が変化する。科学技術は、環境問題を発生させる原因としてだけでなく、それらを解決し予防する役割によっても評価される。伝統的な対症療法的オプションは、技術的・組織的イノベーションの設計段階から環境配慮を組み込んだ予防的なアプローチによって置き換えられる。科学技術は、環境改革においてもその中心的制度であって、環境問題に関連する定義・原因・解決方法についての科学的・専門的知識の不確実性の増大は、環境改革における科学技術の周辺化を帰結するものではない。第2に、エコロジー的近代化理論は、環境改革における経済と市場のダイナミズムの重要性、およびエコロジー的再建の社会的担い手としてのイノベーター、起業家、その他の経済主体の役割の重要性を強調する。それらの活用を通じて、経済発展と環境の質は両立可能なものとなる。近代の経済制度とそのメカニズムは、エコロジー的合理性の基準に従って改革しうるし、その範囲はますます増大している。第3に、エコロジー的近代化においては、環境政策における国家の伝統的・中心的な役割が修正される。すなわち、従来型の上意下達的・指令統制的な環境規制よりも、分権化された柔軟でコンセンサス重視のガバナンスが現れる。さらに、環境再建のための一連の作業・責任・インセンティブが、国家から市場にシフトする。中央国家には環境政策形成のより少ない要素を残すことによって、そして国家と社会・経済の間の相互関係を変えることによって、国家が「環境リヴァイアサン」（environmental Leviathan）になることが防止される（Mol [1996] pp. 313-314、Mol [2000] pp. 46-47）。要するに、技術主義・市場主義・反国家主義が、エコロジー的近代化の主要特徴であるといえる。

以上がエコロジー的近代化理論の内容である。これまでの記述から明らかなように、エコロジー的近代化理論の性格を一言でいえば、それは環境保全に対する一種の「効率性アプローチ」(efficiency-oriented approach、Hajer [1995] p.101) ということができるであろう。例えばフーバーは、効率性アプローチとしての自らの立場を、以下のように明快に宣言している。「NGOによる持続的発展の理解は、それ自体が『十分性』(sufficiency) という反産業的・反モダニズム的戦略によって形成されてきたが、これは『産業的非武装化』すなわち自由な世界市場経済からの撤退と結びついた物質的必要の自己制限、および残存する稀少資源の平等主義的分配を意味する。これに対して、産業による持続的発展の理解は、『効率性革命』(efficiency revolution) である。産業とビジネスは、さらなる経済成長および産業生産のエコロジー的適応を同時に許容する戦略を模索中である。この目標を達成する手段は、環境パフォーマンスの改善、すなわち物質とエネルギーの効率的利用の改善と、そのことによる労働・資本生産性に加えた資源生産性の増大を目的とする環境マネジメントシステムの導入にみられる」(Huber [2000] p.269、強調は原文)。

　「効率性アプローチ」という言葉で私が意味するのは、環境破壊を経済の非効率性の問題ととらえ、要素生産性を向上させ、経済の効率性を向上・改善することによって環境問題を解決することができるとする立場、そして効率性の改善によって成長と環境の両立ないし切り離し（decoupling）を実現することができると考える立場のことである。したがってこのアプローチでは、「持続可能性」という概念に代わって、自然資源の要素生産性を表す「環境効率性」(eco-efficiency) が理論・政策論の中心的概念となる。あるいは、エコロジー的近代化理論においては、「持続可能性」の概念が経済的・エコロジー的「効率」概念として解釈されているといってもよい。いずれにせよ、1980年代半ば以降、エコロジー的近代化は、先進国にとって「持続可能な発展」の代替イデオロギーとして拡大・定着するに至る（丸山[2006] p.165）。そして、欧州においてこうした「エコロジー的近代化」を支え実現す

る政策として発展を遂げてきたのが、環境税制改革なのである。例えばイェニケは、現代における環境先進国の必須条件として「エコロジー的近代化」、「エコロジカル税制改革」および「数値目標のある長期的環境計画」の3つを挙げているが（竹内［2004］p. 20参照）、そこでは環境税制改革がまさにエコロジー的近代化と不可分の政策手段として位置づけられていることがわかる。私が本論において環境税制改革を「効率性アプローチに基づく環境財政」と特徴づけるゆえんである。

第3節　環境税の現象学——PETRAS調査から

前節では、欧州における環境税制改革の性格を、エコロジー的近代化理論に基づく効率性アプローチとして規定した。このアプローチにおいて、企業、各生産要素の所有者、消費者といった市場経済における経済主体は、市場価格および税制改革によってもたらされる相対価格の変化を受容し、それらを前提とした上で自己の利益最大化行動を行う合理的経済人として、いいかえれば政策変化に対して全く受動的にふるまう主体として想定されている。その意味で、環境税制改革に関するこれまでの議論は、政策論における機能論的アプローチに基づくものである。

しかし、たんなる機能論的アプローチのみでは、財政現象の考察は極めて一面的なものにとどまらざるを得ない。財政社会学的な観点からすれば、財政とは、市場社会における3つのサブシステムである経済システム、政治システム、社会システムの境界線上にあってそれらの相互作用を調整し、一つのトータル・システムとしての社会に統合する、隠れた媒介環（ミッシング・リング）である（神野［1998］p. 10、神野［2002］p. 27）。市場社会において「社会全体」の危機が財政危機となって現れ、また財政改革が社会の「システム改革」のコアになるのは、こうした社会統合としての機能を財政が果たしているからに他ならない。それゆえ、財政の社会統合機能の分析のためには、財政制度をたんに経済理論的・財政理論的合理性の見地から検討するだけで

は不十分であり、財政制度を社会構成員がどのように主観的に認識・評価しているかという、財政の現象学的分析が不可欠となる。

　ここで取り上げるのは、欧州委員会が行った調査「エコロジカル税制改革のための政策：社会的反応評価」(Policies for Ecological Tax Reform: Assessment of Social Responses、PETRAS) である。この調査は、EU加盟5ヵ国（デンマーク、フランス、ドイツ、アイルランド、イギリス）において、環境税制改革政策に対する政策立案者、ビジネス界、一般市民の態度を調査したものであり、2002年3月には調査報告書が出され、また2006年にはEnergy Policy誌においてPETRAS調査の特集が組まれている。[8] 本調査の目的は、環境税制改革の政治的受入可能性を最大化するため、欧州における環境税制改革設計の改善提案を発展させることである。さらに本調査の6つの特殊目的として、①環境税制改革政策の認識パターンを評価すること、②環境と雇用に関して環境税制改革の背後にある意図の理解を測定すること、③環境税制改革の個別政策と一般原則に対する賛否のパターンを評価すること、④これらの政策と原則に対する固有の反対を同定すること、⑤どのような種類の環境税制改革の制度設計が最も望ましいと考えられているかを評価すること、⑥環境・経済・雇用上の目的を満たす上での有効性を、その制度設計がどこまで弱めるかを評価すること、が挙げられている (Dresner et al. [2006] p. 896)。

　本調査の方法は、政策立案者、ビジネス人、一般市民に対するインタビューである。質問項目には、国内およびEUの環境税制改革に対する認知度、環境税制改革の環境上・雇用上の目的に関する理解度と評価、環境税制改革の原則と個別政策に対する反対意見、および改良案に関する意見などが含まれている。上記Energy Policy誌特別号の巻頭論文では、本調査の意義が次のように述べられている。PETRAS調査は、環境税制改革に対する一般市民の考えを深く検討するはじめての調査であり、また環境税制改革に関する草の根のステークホルダーの考えに関する初の国際比較研究でもある。この調査は、個人や企業の行動の背景をなす複雑で断片的な根拠の理解を試みる

ことを通じて、環境税制改革の「人間的次元」(the human dimension) を検討する。本調査は先行調査の抽象的な政策論争や数理経済学的なモデル化を乗り越え、草の根の人々によって環境税制改革が「実際にはどう理解されているのか」を検討するものである (Dresner et al. [2006] p. 900)。

以上の位置づけをもって実施されたPETRAS調査は、われわれがめざす環境税制改革の現象学的分析にも、極めて興味深い事実を提出している。調査の結果は多岐にわたるが、その内容は以下の3点に集約することができるであろう。すなわち第1に、環境税制改革における「タックス・シフト」の諸原則、とくにその「税収リサイクル」の存在と意図が全く理解されていないことである。環境税制改革の「グッズ減税・バッズ課税」やそれに基づく「二重の配当」原則に関して、ドイツとイギリスのビジネス人はある程度の認知度を示したが、他国ビジネス人の認知度は低く、とくに、1993年から環境税制改革を実施しているデンマークにおける認知度も驚くほど低かった。他方、一般市民に関しては、環境税制改革が数年間にわたって実施されている国においても、環境税が単なる増税として認識されており、労働コストを削減するための税収リサイクルの存在が人々に全く知られていないことが明らかとなった。環境税制改革の制度原則とその意図について説明を受けると、多くの被験者が否定的反応を示した。とくに、環境税収を労働コスト削減のために用いることに関しては懐疑的な意見が強かった。注目すべきは、環境税からの収入は、エネルギー効率の改善、再生可能エネルギーの発展、公共交通の改善など、環境目的のために使うべきであるという意見が支配的であったことである。環境のために課された税の収入を他の目的に使うことは詐欺 (trick) である、タックス・シフトは環境と労働という2つの異なる物事を混同している、カネが労働課税の「利己的な」削減よりも環境に向かうべきである、タックス・シフトは無意味なカネの移動である、といった批判がなされた。

第2に、環境税制改革の「インセンティブ機能」に対する否定的見解である。一般市民と若干のビジネス人の間には、税をインセンティブ効果よりも

単に税収をあげる手段とみる見方が強かった。多くの人々が、エネルギー課税の税収が労働課税の削減に向けられた場合でも、その税がインセンティブ機能を通じて環境に便益をもたらすということや、タックス・シフトが異なる物の「相対的な」コストを変化させるという考え方を理解できなかった。全般的にみられたのは、自国に存在する環境税を「インセンティブ」ではなく「罰」であるとみなす考え方である。というのは、エネルギー消費を削減することは簡単にできないからである。環境税によってエネルギー利用を単に「罰せられる」よりも、より環境にやさしい方法で行動するよう奨励されること、そしてそうした政策によって目に見える便益を受け取ることを欲する意見がみられ、消費を減らすよう試みた者に実際に報いるような措置が好まれた。また、環境税制改革の雇用効果についても、多くのビジネス人が否定的であり、失業者に対するより直接的な就労支援の方が効果的であるという見解や、フランス市民の中では、労働課税の削減は就労機会の創出よりも企業の収益性を高めることと同義であるという意見がみられた。

　第3に、環境税制改革の実施主体である政府に対する不信である。政府による税収関連の公約実施に対する信頼の欠如は、一般市民へのインタビューにおいて環境税制改革が直面した基本的問題であり、これはある程度までビジネス人の間にもみられた。一般市民間の信頼の欠如は、税収リサイクルに対する認知の低さと明らかにリンクしていた。政府に対する不信には、①政府と政治家一般に対する不信、②租税政策に対する不信、③環境税制改革に関する政府の意図に対する不信、という3つのレベルがある。多くみられた意見には、環境税制改革は単なる増税のための手段である、この名称は同改革が環境のためであると人々に思わせるために選ばれたのであって人々を騙す手段に過ぎない、増税に見合う減税が行われる保証はない、といったものがあった。これに関連して興味深いのは、財政の可視性（visibility）に対する人々の選好である。一般に、人々の間には単一の目標を有する政策を選好する傾向があり、環境税制改革のような複雑な租税政策は、理解できないばかりでなく政府の租税政策を不透明にするという認識がみられる。全ての国

の一般市民の間で、環境とくに地域の環境に対して目に見える便益をもたらすような措置に対する強い選好があり、他税の減税という環境税制改革の便益を目に見えるものにすべきであるという意見、自分たちが理解できない措置は支持しないといった意見がみられた。フランス、アイルランド、イギリスでは、もし税収リサイクルが政府から独立した機関によって行われるなら、信頼を高めることができるという意見が出された。

　以上がPETRAS調査の結果の概要である。このように、調査結果は「税収リサイクルの否定」「インセンティブ機能の否定」そして「国家の否定」という「三重の否定」を示している。これは環境税制改革の構想そのものに対する全面的否定といってよく、同改革の発展にとって極めて厳しいものとなっている。

　一般に、環境税、とくにエネルギー税の導入には、産業の競争力と低所得者層に対する否定的影響、国内の税制と地域・世界貿易ルールとの衝突、既存の補助金と規制など、少なからぬ政治的障害が存在するが、実施上のほとんどの障害は、注意深い制度設計、環境税とその税収の政策パッケージ化、税制改革の段階的実施、全関係者への徹底した情報公開などによって克服しうるものである（Dresner et al. [2006] pp. 897-898）。また、インタビューにおいて表明されている意見の中には、環境税制改革に対する無理解に基づくものが少なくない。しかし、PETRAS調査において示された環境税制改革に対する人々の否定的見解は、単なる制度の部分的改良や、ビジネス人・一般市民の「無理解」で片付けることのできない、環境税制改革にとって重大な問題をはらんでいるように思われる。

　それはさしあたり、国家による環境マネジメントの方式をめぐって現れている。例えばJordan et al. [2003] は、環境保全の経済的手段に代表される新しい環境保全の政策用具が、20世紀末から始まった国家構造の根本的移行の一部を構成すると論じている。その移行とは、伝統的な「環境ガバメント」(environmental government) から「環境ガバナンス」(environmental governance) への移行である。すなわち、ガバメント・システム下における政策立

案は、国家機関の意思と目的によって全面的に支配される「トップ・ダウン」過程となりがちである。これとは対照的に、環境ガバナンスは、「複雑でダイナミックかつ多様化した諸問題を解決するためには、私的なものであれ公的なものであれ、いかなる単一のアクターも全ての知識と情報を所有しない」ということを認める。「ガバナンス」は国家の排他的な権威に依拠することがより少なく、共通の目的を定め、知識と専門性を分かち合う国家と非国家アクター間の政策ネットワークの発展に依拠することがより大きい（Jordan et al. [2003] p. 8)。

　彼らのいう「環境ガバナンス」は、本章の第2節においてエコロジー的近代化の重要な要素の1つとしてモルが指摘した「分権化され柔軟でコンセンサス重視のガバナンス」と軌を一にするものである。環境財政は、エコロジー的近代化の一環として、本来こうした「環境ガバナンス」を構成するものであるはずである。しかし、上述のPETRAS調査は、欧州における環境税制改革が、「環境ガバナンス」としてよりも「環境ガバメント」として、すなわちいまだ指令的・統制的性格の強い政策として認識されていることを示している。環境税制改革が直面する中心課題はその「国家性」であり、これをいかに克服していくかが、欧州環境財政には問われているのである。[9]

おわりに　環境税制改革における「国家性」のパラドクス

　以上本章では、欧州における環境税制改革について考察してきた。一般に環境課税は、多くの場合、ある特定の環境問題への対処を目的として個別に導入されてきたものであるが、それらの事例と範囲が増加してくるにともなって、より体系的なアプローチの必要性が認識されるようになる。そして、多くの、しかし断片的な各種の環境税の事例を総合的に整理し、また自然資源課税を中心として過去に様々な目的で導入された副次的な環境効果を有する諸税も「環境課税」として位置づけ直し、包括的な「環境保全型財政」の形成をめざす構想が現れる。こうした構想こそ、本章でいう「税財政のグリ

ーン改革」に他ならない。これまでみてきたように、欧州における環境税は、その多様化と進化を通じて「環境税制改革」という包括的な改革構想へと発展するに至った。ここに「欧州環境財政」とよぶべき新しい環境保全型の財政制度体系が形成されたといってよいであろう。

しかし、PETRAS調査の否定的結果にもあらわれているように、現在、欧州環境財政は1つの壁に直面しているように思われる。実際、2000年にイギリス、フランス、ドイツにおいて相次いで発生した市民の環境税抗議運動（Tax Protest）は、欧州環境財政の社会統合力に重大な疑義を突きつけた。その後、欧州における環境税制改革の拡大は2000年代の初頭をもって一段落し、EU諸国は現在、環境政策とくに気候変動政策の比重を、環境税による財政論アプローチから、排出権取引を主体とする権利論アプローチに移しつつあるようである。

本章では、欧州環境財政の有する問題点を、その「国家性」に求めた。ここには一つのパラドクスがある。すなわち、従来型の指令・統制型規制を否定する政策体系として、言い換えれば「反国家主義」を標榜して誕生したはずの欧州環境財政が、その「国家性」ゆえに否定されるというパラドクスである。なぜこのようなパラドクスが発生するのか。その意味するところは何か。これらを明らかにするためには、「税財政のグリーン改革」のもう1つの側面である「補助金改革」の問題について考察しなければならない。

第1章　注

（1）これは、寺西俊一が、近年のOECD諸国、とくに欧州諸国における同分野の議論や改革動向をふまえて提唱している概念である。その内容については、さしあたり『情報・知識imidas』の2002年・2003年版（集英社）の同項目を参照。

（2）例えば、諸冨［2000］は主としてポリシー・ミックス論の観点から、また藤田［2001］は費用負担論の観点から同改革を機能論的・制度論的に検討している。また、広井［2006］や足立［2004］は、主として「環境政策と社

会政策の統合」という点から同改革の意義づけを試みている。
(3) 通常、「課徴金」(charge) とは、ある特定の活動に対する財源として課されるものであり、「税」(tax) とは、そうした特定目的を持たずに一般財源として徴収されるものである。しかし、両者の定義や区別は、必ずしも明確かつ一義的なものではない。北欧諸国、とくにスウェーデンにおいて税と課徴金がどのように使い分けられているかについては、藤田 [2001] pp. 47-48、pp. 97-98、pp. 111-113を参照。なお本書では、必要な場合以外には両者を一括して取り扱うことにする。
(4) 欧州諸国における各類型の代表例については、例えば片山 [2003] p. 321 を参照。
(5) 「エコロジー的近代化」の概念は、1980年代半ばにEUの内部で取り上げられ、環境先進国であるオランダや西ドイツなどから支持を得て、1986年のEC第4回環境行動計画の中に取り入れられた。また同概念は、ドイツ社会民主党の政策綱領、シュレーダー連立政権の政策協定（1998年、2002年）やドイツ政府の「国家持続性戦略」(2003年) などに取り入れられ、また英国ブレア政権の指針となったアンソニー・ギデンズの『第三の道』(1998) においても主張されている（丸山 [2006] p. 165、竹内 [2004] pp. 13-14)。ギデンズ『第三の道』におけるエコロジー的近代論については、ギデンズ [1998] pp. 98-114を参照。
(6) 以下の記述は、主にMol [1996]、Spaargaren [2000] による。なおエコロジー的近代化をめぐる議論の概要については、丸山 [2006] を参照。同書の第4章は、エコロジー的近代化の理論動向に関する優れた論考であり、本書もその成果に大きく依拠している。
(7) ギデンズは『第三の道』において、「エコロジー的近代化」を、「持続可能な開発」概念を制度化したものとしてとらえているようである。同書でギデンズは、「持続可能な開発」概念の曖昧さを指摘し、同概念は「意味の定かな解決策というわけでは必ずしもなく、進むべき方向を指し示す基本方針のようなもの」であると述べている。そして「エコロジー的近代化」という概念を、「持続可能な開発」という概念よりも「より幅の広い概念」であると規定し、エコロジー的近代化論者のハジェクに依拠しながら、その内容を「経済成長の再定義」としての持続可能な開発、治療より予防の重視、汚染と非効率性の同一視、環境規制と経済成長の両立、といった諸

点にまとめている（ギデンズ[1998] pp. 101-103）。
(8) 特別号「欧州におけるエコロジカル税制改革に対する社会的・政治的反応」、Energy Policy 34（2006）。
(9) なお、「国家性」との関連で考慮すべきなのは、環境税制改革が一般に「集権化」のプロセスを伴いがちなことである。例えば、ドイツ経済研究所とケルン大学財政学研究所が1998年に行った「エコロジカル税制改革パッケージ」の提案は、エネルギー税導入、石油税引上げ、道路使用料導入、廃棄物税導入、排水課徴金引上げによって合計1470億マルクの税収を得、これを財源にして社会保険料減額、営業税廃止、財産税廃止、付加価値税減額を行う税収中立的な改革案であるが（竹内[2004] pp. 52-53）、同提案では、改革の結果州・自治体の税収が360億マルク減少し、一方国税が同額増加するという、中央・地方間の財政ウエイトの集権的なシフトが生じている。これは主として、タックス・シフトにおいて主要増税項目であるエネルギー税が国税であるためである。実際、フランスの環境税制改革では、水管理の分野において40年にわたって環境使用料を徴収してきた分権的行政機関である水道局（Agences de l'eau）と中央当局との間に対立があった（Deroubaix and Levegue [2006] pp. 943-945）。

第2章　補助金グリーン改革の諸相

はじめに　「税財政のグリーン改革」における補助金改革

　現在、環境に対して補助金がおよぼす否定的な影響に注目が集まっており、持続可能な経済社会を形成する上で、補助金改革（subsidy reform）を不可欠の要素と位置づける考え方がますます強まっている。OECD諸国では、持続可能性原理に基づく税財政の再構築をめざす「税財政のグリーン改革」が環境保全型経済社会を形成する上で有力な政策として注目されているが[1]、補助金改革は財政の支出面の「グリーン化」を推進するものとして、「税財政のグリーン改革」の重要な一翼を担うものである。

　補助金システムは20世紀を通じて拡大を続けてきた。特に補助金システムの中で大きな役割を果たしてきたのは、農業・水利、エネルギー、運輸などの天然資源開発に関わる補助金である。これらの補助金は、20世紀に形成された「開発財政」の中枢をなすものであり、大量生産・大量消費社会の基盤を形成する一方、経済を自然から離床させ、持続不可能な経済を現代社会に組み込んだのである。その意味で20世紀はまさに「補助金の時代」であったということができよう。この補助金システムを中心とする開発財政を、持続可能な経済を支える「環境保全型財政」に組み替えていくことは21世紀の大きな課題であり、補助金改革は、「補助金のグリーン改革」（green subsidy reform）ないし「環境保全型補助金改革」（environmental subsidy reform）として、持続可能な経済社会を形成するという課題の中に位置づけられなければならないのである。

　ところで、補助金グリーン改革の方向性について検討する際に考慮すべきは、先進国・開発途上国・移行経済国にみられる補助金改革の全般的な動向

である。近年、補助金改革は財政バランスの回復と経済効率性の向上をもたらすものとして、世界の多くの国々にとって重要な政治的課題となっている。この動きは特に1980年代以降、市場経済に果たす政府の役割の見直しと新自由主義的な経済潮流の台頭とともに活発化してきたものである。とりわけ開発途上国や移行経済諸国にとっては、IMFのコンディショナリティに象徴されるように、いまや補助金改革は国際資金にアクセスする上で不可欠の要件となっている。またOECD諸国においても、ドラスティックな補助金改革に取り組む国々がみられるようになった。これら一連の動きは、補助金グリーン改革とどのような関連性を有するのか。新自由主義的補助金改革は、環境保全とその方向性を同じくするものであるのか。税財政のグリーン改革の今後を展望する上で、これらの点の検証は不可欠の課題であると思われる。

　本章は、以上のような問題意識から、補助金の理論・現状・改革の動向について、若干の論点の整理を行おうとするものである。まず第1節では、補助金概念に関する幾つかの理論的・方法的問題を取り扱う。次に第2節では、農業・水利、エネルギー、運輸という補助金の中心分野について、現状と改革の動向を概観する。最後に第3節では、補助金グリーン改革へ向けた動きの1つとして、新自由主義的傾向の強いアメリカにおける補助金削減運動について紹介し、税財政のグリーン改革と補助金改革の今後を展望することにしたい。

第1節　補助金の理論的・方法論的諸問題

（1）補助金の定義

　補助金を定義するという問題は、政府によって行われる諸施策のうち何をあるいはどこまでを補助金政策とみなすのかという、補助金の範囲を確定する問題と大きな関連がある。通常、補助金の概念として最も単純で、また最も一般的に用いられている意味は、ある特定の財・サービスの生産・販売・購入を支援するために政府が行う財政支出ないし税制優遇策のことであろう。[2]

第2章　補助金グリーン改革の諸相

しかし、政府による市場への公共的介入の中には、こうした財政政策以外にもそれと同様の効果をもたらす政策がある。例えば、政府による価格統制は、市場における経済主体間の貨幣移転を引き起こすことによって、生産者ないし消費者に対する補助金として機能し得る。補助金をめぐる近年の議論には、上述のような伝統的な補助金概念を超えて、市場メカニズムを通じた経済主体間の貨幣移転をもたらす政策を、補助金政策の重要な要素として含めようとする傾向がある。

例えばOECD［1997b］は、この点を補助金改革ないし補助金削減の動機・目的との関係で論じている（OECD［1997b］p. 19）。すなわち、①もし政府が財政上の乱費であるという理由で補助金を取り除きたいなら、助成金・免税・投資支援などに注目することが意味を持つが、②補助金廃止の動機が、資源の効率的利用を妨げ、あるいは取引や市場参入を妨げる経済の歪みを取り除くことにあるならば、価格政策の全般的な効果に注目することが有益であるとする。要するに、補助金改革には財政赤字削減と市場の歪み（market distortions）の是正という2つの目的があるが、後者の目的を達成するためには、単に財政を通じた補助金を改革の対象とするだけでは不十分であり、価格統制のような指令・統制型の規制政策も補助金改革の対象に含める必要があるというのである。ここには、財政補助金（budgetary subsidies）と非財政型（non-budgetary）の補助金という、補助金の2つのタイプが提示されているということができよう。このうち非財政型の補助金は、市場メカニズムを通じて生産者—消費者間、生産者間、消費者間といった経済主体間の移転をもたらすところから、その公平性の侵害という側面に特に着目して、内部補助（cross-subsidies）と呼ばれることがある。

こうした拡張された補助金の概念は、OECDの文脈の中ではすでに定着しており、これをDe Moor and van Beers［2002］は次のように定義している。「補助金とは、消費者のために市場レベルを下回る価格を維持すること、生産者のために市場レベルを上回る価格を維持すること、消費者・生産者に対する直接的・非直接的な援助の付与によりそのコストを削減することとい

った、あらゆる措置を意味する」(de Moor and van Beers [2002] p. 25)。

（2）補助金の計測問題

　補助金概念の拡張は、補助金供与水準を実際に計測しようとする際に難しい問題をもたらす。政府により生産者・消費者へ直接的に供与される現金給付補助金（cash subsidies）は、補助金の最も明白で最も計測しやすい形態であるが、優遇税制などの間接的に供与される税支出（tax expenditures）になると、比較対照の基準となる「ノーマルな」税率を想定しなければならないため、その同定と計測ははるかに難しくなる。価格統制などの非財政型補助金を同定・計測する際の困難はさらに大きい。

　そこでこうした補助金を同定・計測するために、財・サービスの価格を用いる方法がしばしば採用されている。すなわち、ある補助金の存在とその大きさを、実際の価格と「歪みのない市場」で得られる「参照価格」（reference prices）との相違によって示すという方法である。その実施可能なアプローチは、「機会費用による価格づけ」（opportunity cost pricing）を用いることである。取引可能な財の場合、世界市場価格が補助金を定義するベンチマークとして考えられる。政府の政策は、統制による価格の引下げや、生産者補助金、最低価格の設定など、この「最適」レベルからの逸脱を様々な方法で作り出すことができるが、そうした補助金効果を内外価格の格差によって計測するのである。また、インフラなど取引不可能な財の場合、長期的な限界費用を計算したり、市場価格を用いたりして補助金を決定するのは困難であるため、その代替方法として費用調達の問題に着目し、徴収価格と生産コスト単価との差異として、補助金を定義することが行われている（de Moor and van Beers [2002] p. 25)。このように、機会費用の考え方に基づく補助金同定・計測方法は、取引可能財における参照価格アプローチ、取引不可能財におけるフル・コストアプローチからなると要約できよう。

　現在OECDは、農業補助金や石炭補助金の程度を計測するため、「生産者補助金等価」（producer subsidy equivalent、PSE）という指標を用いているが、

これは上述の観点から作成された指標の1つである。PSEとは、生産への（あるいは生産から、この場合移転はマイナスとなる）純財政移転プラス市場移転の総計の貨幣価値であり、国内生産者の現行コストや彼らに支払われる価格に効果を有する直接的・間接的なあらゆる国家援助をカバーしている。一方、消費への（あるいは消費からの）移転は「消費者補助金等価」(consumer subsidy equivalent、CSE) と呼ばれる。どちらの場合も、市場移転は、ある財の国内市場における価格と、何らかの「参照価格」—普通、競合輸入財の価格—の差を計測し、この価値に当該量を乗じて計算される (Steenblik [1995] p. 483)。

（3）いわゆる「隠れた補助金」について

これまで、財政型補助金から非財政型補助金への補助金概念の拡張についてみてきたが、最近、補助金概念を環境被害のコストへとさらに拡大しようとする議論がなされている。それが「隠れた補助金」(implicit subsidies) という概念である。隠れた補助金とは、環境上・社会上のいわゆる外部性を政府が内部化せずに放置していることを、補助金の一形態として捉えたものである。例えばBarg[1996] は、補助金の定義を財政的定義、経済的定義、環境的定義の3つに類型化している。この各定義は、これまで本節で述べてきた財政型補助金、非財政型補助金、隠れた補助金にほぼ対応するものであるが、そこでは隠れた補助金が「財・サービスのあらゆるフローから発生する、補償されざる環境被害 (uncompensated environmental damage) の価値から成る」と規定されている。[3] 隠れた補助金を含む補助金概念は、補助金の定義として最も広い意味内容を有するものである。

規制当局が外部性をネグレクトすることによって実質的に汚染者を優遇するという事態は、公害・環境問題の歴史においてしばしばみられてきた。その意味では、隠れた補助金を一つの積極的な政策行為とみなすことは不可能ではない。ただ一般的には、隠れた補助金は通常の補助金とは異なり、必ずしも政府の積極的な政策実施によるものではないと考えられている。例えば、

隠れた補助金概念を重視するMyers and Kent [2001] は、「通常の補助金は政府が行うことによって問題を起こす可能性があるのに対して、環境外部性の形式における隠れた補助金は、政府が行わないことによって問題を起こすのである」と述べている（Myers and Kent [2001] p. 28)。また、環境外部性全体のうち、政府自身の行動によって引き起こされたものは一部に過ぎないから、隠れた補助金は政府の諸政策と一対一対応のように直接リンクしているわけでもない。Bargによる補助金の環境的定義の中でも、隠れた補助金は政府の規制や市場メカニズムを通じたものであるかどうかには関わりなく、環境の劣化によって発生するあらゆる便益のフローを含むとされている（Barg [1996] p. 28)。つまり隠れた補助金は、「事実上社会によって支払われる補助金」(Myers and Kent [2001] p. 28) であるが、この「補助金」は財政補助金のように財政システムを通じて支出されるものではなく、また内部補助のように市場システムを通じて移転されるものでもないのである。

　OECDの補助金調査プロジェクト内では、「隠れた補助金」を補助金概念に含めることについていまだコンセンサスが得られていないようであるが (OECD [1997b] p. 21)、そこには上述のように、隠れた補助金という概念が有する政策概念としての不明確さが影響しているものと思われる。したがって隠れた補助金概念の有効性は、それが「補助金改革」という政策を実施する上でいかなる積極的な含意を有するかという点にかかっているといえよう。

第2節　補助金問題の現状と補助金改革の諸相

(1) 補助金の世界推計と天然資源補助金

　補助金の総額とその有害性を、世界的規模で定量的に把握する試みが行われている。表2－1および表2－2は、その代表的な推計結果を示したものである。表2－1はvan Beers and de Moor [2001] による推計であるが、それによれば世界全体の補助金コストは年間およそ9500億ドルである。OECD諸国の補助金額は年間7000億ドル近く、全体の4分の3を占める。途

上国の補助金額は絶対額ではそれより少ないが、対GDP比ではOECD諸国の3.3％に比べ4.6％と相対的に大きな値を示している。

表2－2はMyers and Kent [2001]によるものであるが、この推計は、補助金総額のうち有害補助金（perverse subsidies）の占める部分を明示していること、そして、多くの隠れた補助金を考慮に入れていることに特徴がある。この推計によれば、隠れた補助金は伝統的補助金のうちの有害部分を上回る規模であり、それゆえ有害補助金の合計もほぼ2兆ドル近くに達している。例えば、農業における土壌浸食と農薬の2項目は2500億ドル、水利部門における水関連の病気、引水の時間コスト、水の便益の3項目で1800億ドル、この5項目で全環境外部性の39％、有害補助金総額の22％を占める。しかもここでの隠れた補助金には、地球温暖化の影響などリスクと不確実性を伴う環境被害は含まれておらず、その意味で外部性問題がいまだなお過小評価されているのである。総額では、伝統的補助金は世界ＧＤＰのほぼ4％、有害補助金総計は5.6％に上る。OECD諸国と非OECD諸国を部門別に比較すると、農業・運輸ではOECD諸国の方が絶対額が大きく、エネルギーではほぼ同水準、水利では非OECD諸国の方が大きくなっている。

以上、2つの推計を簡単にみてきたが、総じて、天然資源部門に対して供与される「天然資源補助金」（natural resource subsidies）が補助金体系の中で非常に大きな位置を占めていることが分かる。特に農業・水利、エネルギー、運輸の各部門に対する天然資源補助金は、補助金政策の中心をなすものである。そこで本節では以下、各部門における補助金の現状と補助金改革の動向を概観する。[4]

（2）部門別補助金問題の現状と改革の動向
①農業・水利

農業は補助金政策における最大の対象部門であり、それゆえ「グローバル経済の中で最も歪んだ部門の1つ」（Myers and Kent [2001] p.43）とみなされている。表2－1における農業補助金の世界合計は3250億ドルであるが、

表2-1　補助金のグローバルなコスト
（1990年代半ば、10億USドル）

農業	325	鉱業	25	
自動車	225	漁業	20	
エネルギー	205	合計（対GDP比）	950	3.6%
水利	60	OECD計（対GDP比）	690	3.3%
製造業	55	非OECD計（対GDP比）	260	4.6%
林業	35			

出所：van Beers and de Moor [2001] p. 41.

表2-2　補助金の世界推計（10億USドル）

	伝統的補助金			うち有害な補助金	隠れた補助金	有害な補助金計
	OECD諸国	非OECD諸国	合計			
農業	360	25	385	260	250	510
化石燃料、原子力	71	60	131	100	200	300
道路輸送	752	47	800	400	380	780
水利	13	54	67	50	180	230
漁業	25		25	25	n／a	25
林業	14		14	14	78	92
合計			1420	849	1090	1950

出所：Myers and Kent [2001] p. 58, p.85, p.113, p.141, 188より作成。

表2-3　OECD農業政策からの移転　1996年（10億USドル）

	OECD	アメリカ	EU	日本
補助金総額	297	69	120	77
対GDP比%	1.3	0.9	1.1	1.7
一人当りUSドル	334	259	322	317
専業農家当りUSドル	14,493	27,240	17,473	30,091
ha当りUSドル	254	161	825	15,107

出所：van Beers and de Moor [2001] p. 41.

うちOECD諸国が3000億ドル相当を支出しており、補助金総額の大部分を占める。先進国が農業補助金に占めるウェイトが大きいことは、表2－2の推計でも同様である。表2－3はOECD諸国の内訳であるが、農業援助は一人当り334ドル、専業農家一戸当りでは1万5000ドル近くに上っている。

　農業補助金を正当化する際に通常指摘される理由は、大きく2つの要因に分けることができよう。第1に、国民特に都市住民への安定的な食糧供給であり、第2に、農村コミュニティの支援、特に家族農業とその労働力を保護することである。一般に農業はリスクの大きな業種であり、天候、害虫、病気といった自然条件や、価格の変化など農産物市場の不安定性に起因する様々なリスクにさらされている。したがって、補助金を通じてこうしたリスクを社会ないし納税者に転嫁し、農民が直面するリスクを低下させることにより、国内農業部門の維持・活性化が図られてきたのである。

　農業補助金は様々な形態をとるが、一般に先進国では、市場を上回る水準の最低価格を保証し生産者への移転を行う生産者補助金が支配的である。一方開発途上国では、都市住民に安価な食料を提供するため、農産物の価格抑制（underpricing）による消費者補助金が多くみられる。また双方とも、農業投入物へ多額の補助金を支出している。特に途上国では、大規模灌漑設備の建設や肥料・農薬の大量投入による食糧増産をめざす「緑の革命」を通じて、多くの補助金が正当化されてきた。

　水利は農業補助金の中でも最重要項目の一つである。一般に水利価格は資本コストを賄うのに不十分で、補助率は30－50％にのぼり、中には運営・メンテナンスのコストすら回収できないケースもある。特に灌漑施設の補助率は80％以上に達する。一般に高い補助率を示しているのは、オーストラリア、日本、トルコ、アメリカである。EUでは、イタリア・ポー川流域、スペイン、ポルトガルなど南欧の灌漑農業で、給水課徴金の支払いに多くの減免措置がとられている。

　これら農業補助金は環境に対して様々な否定的影響を与えているが、近年[5]多くのOECD諸国において、農業生産者に対する援助水準の引下げと、価格

表2－4　OECD諸国の農業補助金（PSE、％）

	1986－88	1997－99	1997	1998	1999
韓国	71	65	65	56	74
スイス	73	70	67	70	73
ノルウェー	66	66	64	67	69
アイスランド	74	64	57	67	68
日本	67	61	57	62	65
EU	44	44	38	45	49
トルコ	19	34	31	36	36
チェコ	59	18	9	21	25
ポーランド	29	23	22	23	25
アメリカ	25	20	14	22	24
メキシコ	8	19	16	17	22
ハンガリー	39	13	7	13	20
カナダ	34	17	14	18	20
オーストラリア	8	7	7	7	6
ニュージーランド	11	2	2	1	2
OECD 平均	40	36	31	36	40

注：1999年の値は暫定値。
出所：OECD [2000] pp. 163-164より作成。

支持から生産者に対する直接支払いへの援助政策の転換がめざされてきた。その結果、援助水準は緩やかに低下している。OECDの農業統計によれば、総生産価値に占めるPSEの割合は、1986－88年の45％から、1996年には36％まで低下した。しかし、表2－4に明らかなように、農業生産者への援助水準はいまだ各国でかなりのばらつきがある。ノルウェー、スイス、EUなどは比較的安定した高い援助水準を保っているが、オーストラリア、ニュージーランド、またハンガリーやチェコといった移行経済諸国のPSE水準は比較的低く、特に、総合的な規制緩和政策の一環としてOECD諸国中唯一包括的・急進的な農業改革を実施したニュージーランドでは、PSEは5％以下と著し

く低い水準を示している。

　一方、共通農業政策を展開するEUは、これまで環境上有益な補助金として、いわゆる「環境保全型農業措置」（agri-environmental measures）を実施してきた。環境改善と農村の発展に寄与する案件に対して、50％の資金供与を行うものである。そのためのEU予算は年間10億ユーロ程度であるが、これは農業補助金総額650億ユーロ（1997年）のおよそ1.5％であり、いまだ低い水準にとどまっているのが現状である。

②エネルギー

　化石燃料と原子力に対する補助金は、否定的な環境効果を有する最大の補助金の一つである[6]。表２－１によれば、世界のエネルギー補助金は毎年2050億ドルである。先進国・途上国ともにエネルギー部門は多額の補助金を受けているが、その共通の特徴は、補助金が化石燃料に重点的に注がれている点である。石油・石炭・天然ガスへの補助金は1500億ドル、エネルギー支援合計の70％で、化石燃料による発電も考慮するならば、この値は1800億ドル、90％まで増大する。

　OECD諸国はエネルギー補助金に850億ドル、一人当たり100ドルを支出している。一般にエネルギー補助金は、先進国では生産コスト支援、税制優遇措置、購入義務のような生産者補助金が中心であり、一方移行経済諸国・開発途上国では、エネルギーの価格抑制を通じた消費者補助金が主である[7]。ヨーロッパでは、価格支持や購入義務のような政策を通じて石炭が多額の補助金を受けており、一方北米では、税制優遇措置や資本補助金を通じて石油・ガス産業が補助金を受けている。旧社会主義国では、消費者価格を市場水準以下に抑制することにより、エネルギー消費におよそ800億ドル、一人当り200ドルの補助金を支出している。旧社会主義国の補助金は90年代初頭から減少しているが、当時エネルギー価格は時に市場水準の10％を下回り、消費者補助金は年間2500億ドルに上っていたといわれる。開発途上国では、エネルギー補助金は年間400億ドル、一人当り9ドル程度である。途上国におけるエネルギー補助金の中心は石油で、主に資源豊富な石油輸出国により行わ

表2－5　OECD諸国の石炭補助金（PSE1990年不変価格、10億USドル）

	1983	1985	1986	1987	1988	1989	1990	1991	1992	1993	1994	1995	1996*
ドイツ	3.7	3.9	5.0	6.9	7.3	7.1	7.0	6.8	7.5	6.2	5.5	6.2	5.6
イギリス	4.0	2.4	2.7	3.8	5.3	7.4	2.2	1.9	1.8	0.3	0.2	0.2	n.a.
スペイン	n.a.	n.a.	0.4	0.8	0.9	0.7	0.6	0.7	0.7	0.6	0.8	0.9	1.1
ベルギー	0.3	0.4	0.4	0.4	0.2	0.2	0.1	0.1	0.1※	n.a.	—	—	—
日　本	1.0	1.3	1.3	1.4	1.3	1.0	0.9	0.8	0.7	0.9	0.8	0.8	n.a.
合　計	9.0	8.0	9.9	13.2	15.0	16.4	10.7	10.3	10.7	8.0	7.3	8.1	6.7

注：n.a.：データなし、＊：暫定値。
出所：OECD［1998］p. 20.

れている。またアメリカ・日本・フランスでは原子力が巨額の補助金を受けており、財・サービスの安価な公的供与、R＆D支援がその主な内容である。

　電力をはじめエネルギー市場が全般的に自由化の方向に進む中で、OECD諸国における援助の全体的水準は、近年著しく低下していると考えられる。OECDの文脈におけるエネルギー補助金改革の焦点は石炭補助金である。IEAが毎年選別的に実施している石炭生産国のPSE試算によれば、OECD 5ヵ国における石炭産業への援助水準は、ピーク時である1989年の164億USドルから、1995年には81億USドルに低下している。しかし、表2－5に示されているように、これは主としてイギリスの一貫した低下によるものであり、他国の低下傾向はそれほど明確ではない。特にドイツの補助水準は、依然として高いレベルを示している。[8]また西ヨーロッパ無煙炭生産者への市場価格支持は、ピーク時1989年の約55億USドルから低下してきてはいるが、1992年においてもまだ50億USドルを上回っており、西ヨーロッパの消費者は世界市場価格のおよそ2倍を支払い続けている。しかもこうした高い政府介入国内価格ですら、生産の私的コストを完全に賄うには不十分である。

　燃料別の直接的援助と研究開発援助は、石炭と原子力に大きく偏っている。1990－95年のEUにおける直接援助総額の75％が原子力と化石燃料を対象としており、省エネルギー、再生可能エネルギー、電力への支援は25％である。

IEA諸国による研究開発資金に占める原子力・化石燃料のシェアは、1983年の78％（原子力65％、化石燃料13％）から、1994年には65％（それぞれ51％、14％）と重点を移しつつあるが、いまだに両者が支援の大部分を占めている。なお、化石燃料に関しては、エネルギー税の不均等な帰着がしばしば指摘されている。ほとんどの国で、税率は最も汚染度の高い石炭が最も軽く、逆にクリーンなエネルギーに高い税率が課されている。1995年のOECD諸国平均税額（石油換算1バレル当り）は、天然ガスが1.3USドル、石油が22USドルなのに対して、石炭が0.6USドルであった。これはエネルギー課税が外部不経済の内部化ではなく、収入を上げる意図をもって導入されてきたことを反映するものである。

③運輸

各国の課徴金制度と支出方法が複雑なため、運輸部門への総援助水準の計算と国際比較には大きな困難がある。運輸部門への補助金は、主に政府が供給するインフラの建設・運営・メンテナンスといったコストの未回収からなる。また運輸関係の補助金には、航空・海運・内陸水運の燃料免税、自動車通勤の経費控除、ディーゼル燃料とガソリンの税差別化など、様々な免税や税差別化措置が含まれている。こうした補助金の体系は、運輸システムの合理性を歪め、異なる輸送手段使用者間や輸送使用者・非使用者間に、多額の内部補助を発生させる可能性がある。

道路関連税はほとんどのOECD諸国において増大してきたが、これは単に税収増大を意図したものではなく、道路利用の外部効果やインフラ建設・道路サービスのコストを回収する試みを反映したものである。しかし、コスト回収度は国によってかなりばらつきがある。収入増にもかかわらず多くの国の道路関連収入が総道路支出を下回る一方で、デンマーク、スウェーデン、オランダ、アイルランド、イギリスのように、かなりの純収入を生み出している国もある。ECMT（欧州運輸相会議）の調査では、道路輸送の直接的支出に対する運輸関連総収入の割合は、総内陸旅客キロの93％、総貨物トンキロの76％であった。

表2－6 道路運輸コストの回収度 1991年

	フランス 都市	フランス 農村	日本 合計	アメリカ 合計
コストに対する収入の割合（％）	129	164	82	80
外部コストを含めたコストに対する収入の割合（％）	42－57	92－105	66	64

出所：OECD[1998] p. 25.

　各国のコスト回収度に違いが生ずる1つの大きな要因は、外部性の算定コストを部分的あるいは全額回収するために、道路関連の環境税・課徴金を追加的に徴収している国々があるためである。道路関連諸税にはこうした外部性への課税も含まれていることを考慮すると、より有益な比較のためには、外部コストの算定額を「隠れた補助金」として支出面に含めることが必要であると思われる。表2－6は、フランス、日本、アメリカの道路外部性（大気汚染や騒音、温暖化ガスの排出、保険でカバーされない事故のコストなど）を含めた収入・コスト比率（revenue-to-cost ratios）を示したものである。表に明らかなように、運輸外部性の試算コストを加えることにより、収入・コスト比率が著しく減少している。これは、より大きなネットの補助金が道路使用者に発生していることを示すものである。またこの表をみると、日本やアメリカでは道路関連収入が公的支出を全額回収しておらず、一方フランスでは、収入が公的支出だけでなく外部コストの一部も回収していることがわかる。ここには、税制を通じた外部性問題への対処に積極的なフランスと消極的な日米という、「隠れた補助金」に対する各国の態度の相違が現れているように思われる。

（3）補助金改革の二類型

　以上、農業・エネルギー・運輸の各部門における補助金問題の現状を概観した。一般に、補助金グリーン改革には2つの方向性が考えられる。第1に、有害補助金の削減・除去を通じて補助金供与水準そのものを引下げることで

あり、第2に、有害補助金を環境保全型補助金（eco-subsidies）へ転換すること、ないし環境保全型補助金を新規導入することである。改革の実施に際しては、このどちらを選択するのかが問題となる。

　もちろん、補助金改革に適用されるべき方法は対象となる問題分野の性格に応じて様々であり、そのあり方は個別的に検討されるべき問題であろう。ただOECD文献では、環境保全型補助金の導入に関して批判的な意見が多いように思われる。例えばBarg [1996] は、①そもそもよい補助金というものは存在しない、②一度新しい補助金が導入されると、後にそれを除去するのが非常に困難となるため、補助金は全く存在しないのが一番望ましい、③幾つかの可能な新しい融資機会から選択することは困難であり、それゆえどの特定の機会にも補助金を与えないのが一番よく、その代わり市場の諸力に選択が任されるべきである、④新しい補助金は、複雑な国際経済のルールに違反しがちである、⑤新しい補助金は、動きの速い複雑な今日の状況下ではその目的を達成しそうにない、といった、補助金性悪説から無能説に至る批判を展開している（Barg [1996] p. 27）。このように市場経済を経済上・環境上の見地からみた規範的状態と捉える立場からすれば、環境破壊型・保全型の別に関わらず、新規補助金の導入そのものが批判の対象となる。先に第1節において、補助金同定の方法として機会費用による価格づけが浸透しつつあることを指摘した。この方法は、取引可能財に対する参照価格アプローチ、取引不可能財に対するフル・コストアプローチという2つのアプローチからなるのであるが、市場経済を補助金改革の基準に据える補助金削減論においては、通常、この補助金同定の方法が改革の規範的原則に読み換えられる。すなわち、取引可能財に関してはその価格を参照価格（世界市場価格）に近づけることが、そして取引不可能財に関しては完全なコスト回収のために受益者負担原則を強化することが補助金改革の基本的な目標となるのである。

　しかし、補助金改革へ機会費用アプローチを機械的に適用することには批判もある。取引可能財の場合に最も問題となるのは、参照価格が得られる「歪みのない市場」とは何を意味するのかという点である。石油のように広

く取引されている財では世界市場価格がしばしば「歪みのない」水準とみなされるが、電力のように取引の自由度がより少ない財の場合には、「歪みのない」価格は比較的介入の少ない市場を持つと考えられる国の価格に依拠せざるを得ない。しかしこうした参照価格それ自体が歪んでいる場合もあり、また政府の政策から生ずる「歪みのない」価格からの逸脱と、その他の地方的条件から生ずる逸脱とを区別するのは非常に難しい（OECD [1997b] p. 19)。さらにより本質的なのは、財のもたらす外部性ないし「隠れた補助金」の問題である。例えば石油の世界市場価格がCO_2排出などの外部費用を内部化した価格ではないことを考慮すると、それが果たして（経済的観点のみならず）環境保全の観点からみた「参照価格」たり得るのかという疑問が生ずる。つまり外部性が存在する現実世界では、それが存在しない理念的市場経済とは異なり、自由市場価格ないし「経済的」参照価格と、「環境的」参照価格との間に乖離が発生する可能性があるのである。[9]

　また、運輸補助金を対象として、取引不可能財へのフル・コスト原則の単純な適用に疑問を呈しているのがOrfeuil [1996] である。運輸補助金の改革における通常の政策論議では、一方における各種税収・使用料など運輸関連収入と、他方における支出、補助金、外部コストの間のバランスに焦点が置かれている。一般にこのアプローチの下では、道路輸送の場合には税・道路使用料の増額という政策が導かれ、鉄道あるいは公共輸送の場合には補助金の削減という政策が導かれる。このように、伝統的な改革論議では、運輸利用者は自らの活動の（環境悪化を含む）全コストを支払っているのか、それとも他の経済部門によって部分的に補助金をうけているのかが問題にされるのであるが、これはいわゆる「汚染者負担原則」(Polluter Pays Principle、PPP) の考え方を運輸補助金問題に適用したものである。運輸利用者の私的支出における均衡達成は確かに有効な政策目標である。しかし、全ての輸送方式を同等に扱う傾向のある同政策に対して、現在の輸送方式が道路輸送を中心とする環境ダメージの大きな方式であること、また過去における運輸投資が現在の運輸体制を生み出しており、運輸政策はインフラの寿命など比較

的長期間のものを含めた様々なタイム・スケールを有するものであることを考慮すると、持続可能性という観点からみたとき、公共支出と公共収入とを単にバランスさせることが、運輸政策を正当化する上で十分なことなのかが問題となるのである。というのは、税・使用料の価格弾力性が低いために、環境負荷を「内部化する」(internalizing) ことと、環境負荷を「最小化する」(minimizing) こととの間に乖離が生ずるからである。逆に持続的発展という政策原理は、例えば鉄道や公共輸送の発展への補助金のように、未来において初めて効果を示す何らかの「移行コスト」(transition costs) を社会が受け入れることを要求するかも知れない。いずれにせよPPPの単純な適用は、現行年のみに注目しているため、以前の行為（過去の投資）や不確実な未来を説明することが困難である (Orfeuil [1996] pp. 164-168)。以上の彼の議論は、価格メカニズムにより瞬時に需給が調整されるという新古典派的思考方法、特にその時間概念の欠如を批判したものであり、また環境保全型補助金を一種の「移行コスト」と規定している点で興味深い。

　機会費用アプローチに対するこれらの批判は、選択の基準となる現行の市場経済を与件とみなし、その範囲内での最適化を図るという、「機会費用」概念の有する静学的な欠陥を指摘したものといえよう。

　補助金改革の2つの方向性をめぐる理論的検討には、以上述べたような見解の相違がある。それでは、現実の改革のプロセスはどのように進行しているのか。前節に述べた改革内容をみると、総じて欧州大陸諸国においてはラディカルな補助金の削減にはなお大きな政治的障壁があり、環境保全型農業や再生可能資源、公共交通への補助金の付け替えのように、いわば「補助金内容のグリーン化」の方向が模索されているようである。これに対して英米系諸国では、ニュージーランドの急進的農業改革、サッチャー政権下イギリスの石炭補助金改革のように、必ずしも環境への配慮を中心的な動機とするものではないが、補助金削減への積極的な取り組みが目立つ。アメリカにおいても、96年農業法を通じた農業補助金の削減が図られる一方、公有地の放牧料・レクリエーション料増額、鉱山料・商業漁業料の新規導入など、これ

まで低コスト・アクセスの保証という形で供給してきた公有地の「補助金」を、天然資源使用料に置き換える動きが本格化している。

このような状況をみると、補助金改革の国際的展開において、環境保全型補助金への転換を重視する欧州型と、補助金そのものの削減を重視するアングロサクソン型という、改革の2つの類型ないし分岐の存在を指摘できるように思われる。こうした分岐が生み出される要因の1つには、補助金改革が展開される各国内での政治力学がある。この点を考える上で興味深いのは、アメリカにおける補助金削減運動の経緯である。

第3節　補助金改革の政治力学──グリーン・シザーズ運動

近年のアメリカにおける補助金改革をめぐる注目すべき動向は、NGO主導の補助金削減運動の広がりである。環境NGO「地球の友」(Friends of the Earth)は、コモン・センス納税者、全米公益調査グループといった保守的減税論者と同盟し、環境破壊的補助金の削減キャンペーン「グリーン・シザーズ」(Green Scissors)を展開してきた。「緑の鋏」を意味するこの運動の大きな特徴は、補助金改革が環境主義者と新自由主義的政治勢力との同盟によって推進されている点である。同キャンペーンには上記NGOの他にも、野生生物連盟、オーデュボン協会、シエラ・クラブ、ウィルダネス協会、自然資源防衛委員会といった全米の主要な環境保護団体が協力しており、共和党主導の議会に働きかけ、表2－7にみられるように、1993－98年の間に浪費的で環境に有害な補助金プログラムを総額500億ドル以上削減させることに成功している。地球の友による運動推進の経緯を簡単に振り返ると、それは次のようなものであった。[10]

地球の友は1990年代初頭から環境と財政の関連に注目するようになったのであるが[11]、当初の重点活動は、連邦環境保護支出の調査とその増額の実現であった。1993年に発行された同NGOによるレポート「地球予算：われわれの税金を環境のために機能させる」は、アメリカの連邦環境支出に関する初

表2－7　グリーン・シザーズによる補助金改革の成果1993－1998（百万ドル）

プログラム	削減額	プログラム	削減額
●エネルギー		内陸水路運営・メンテナンス	1200
核廃棄物の加速変成と高温加工	340	ミズーリ川航行	15
クリーン石炭技術プログラム	500	ニュージャージー海岸再生	1700
石炭調査開発	627	非連邦堤防修復	n/a
乗用車・軽トラック用ディーゼルエンジン調査	220	オレゴン入江（ノースカロライナ）	60
高速フラックス試験再開	1000	スネーク川サケ再生プログラム	318
「低レベル」放射性廃棄物投棄推進・支援サービス	21	スーパー・シャスタダム（カリフォルニア）	122
MOX発電反応炉	800	ミシシッピ上流閘門拡張	500
国立発火施設	5000	水利・電力プロジェクト移転	n/a
核エネルギー調査イニシアティブ	95	●農業	
核廃棄物基金・料金調整	315	綿花プログラム	2200
石油調査開発プロジェクト	243	灌漑補助金	2200
プルトニウム製造プロジェクト	1100	マーケット・アクセス・プログラム	450
電力マーケティング管理	1000	モヘア補助金	n/a
放射能リサイクル補助金	215	砂糖プログラム	n/a
農村施設サービス電気ローン	300	タバコプログラム	n/a
サヴァンナ川サイト再加工キャニオン	8000	ピーナッツプログラム	n/a
スワン湖－ティエ湖電流接続（アラスカ）	40	野生生物局家畜保護プログラム	50
トカマク核融合炉	1000	●運輸	
廃棄物隔離パイロット・プラント	85	H回廊ハイウェイ（ウエストバージニア）	880
ユッカ山高レベル核廃棄物貯蔵所	358	ハイウェイ美化プログラム	n/a
●公有地		ハイウェイデモンストレーションプログラム	6900
1872年採掘法	1000	ヒューストン・グランド・パークウェイ（テキサス）	1800
土地管理局公有林	30	インディアナポリス-イヴァンスビルハイウェイ（インディアナ）	910
フィルム産業による国立公園利用	n/a	カウンティ間連結道路（メリーランド）	880
林道建設	157	ループ道路舗装プロジェクト（ワイオミング）	7
浪費的な木材販売	555	エキスプレスウェイ6号線（コネティカット）	350

石油ロイヤリティ評価	330	ハイウェイ７１０号線（カリフォルニア）	1120
放牧地改革	250	スティルウオーター橋（ミネソタ）	96
レクリエーション散歩道プログラム	120	西部輸送回廊（北部バージニア）	n/a
トンガス国有林	165	●国際プロジェクト	
アラスカ大学による土地の横領	n/a	構造改革ファシリティの強化	n/a
連邦森林局「再植林基金」	250	●保険	
連邦森林局救助基金	171	国民洪水保険プログラム	500
●水利		国民災害再保険基金の提案	n/a
アニマス―ラ・プラタ水利プロジェクト	503	●その他	
工兵隊洪水制御建設	1250	南太平洋漁場へのアクセス支払い	70
ビッグ・サンフラワー川「メンテナンス」とヤズー・ポンプ	300	軍化学兵器焼却炉プログラム	n/a
土地改良局散水	75	海軍超低周波送信機	60
ギャリソン分水プロジェクト	1000		
ハウシダム・レヴィサ支流洪水制御プログラム	822	節約額合計	507億ドル

出所：Green Scissors [1999] より作成。

表2－8 連邦環境支出 1992年予算

省　　庁	100万ドル	合計の%	省　　庁	100万ドル	合計の%
農業省	4221	13	全米科学財団	355	1
国防省	3996	12	全米海洋・大気局	523	2
エネルギー省	5194	16	国務省	39	0
環境保護庁	6645	21	運輸省	5027	16
一般サービス局	30	0	国際環境援助	872	3
公共医療局	478	1	陸軍工兵局	362	1
住宅・都市開発省	359	1	スミソニアン協会	45	0
内務省	2940	9	連邦危機管理局	5	0
法務省	28	0	その他	5	0
労働省	100	0			
全米航空宇宙局	883	3	合　　計	32107	100

出所：Kripke [2002] p. 47.

めての包括的なサーベイであったが、そこでは環境保全に対する総額321億ドルの年間連邦支出が同定されている（表2－8）。これは連邦予算総額1兆5000億ドルのおよそ2.3％である。支出のほとんどは幾つかの主要プログラムおよび部局に集中しており、特に農業省、国防省、エネルギー省、環境保護庁、内務省、運輸省の6省庁で環境予算の87％を支出していることが分かる。これらのうち、農業省、エネルギー省、環境保護庁、内務省は主な支出目的は環境規制、調査、土地保全、汚染制御などであり、また国防省とエネルギー省は政府施設・所有地の環境回復への支出が大きい。運輸省は公共輸送プログラムに主に支出している。地球の友はこうした調査を踏まえ、環境プログラムと特に環境保護庁の経常予算への支出増大を目的として、連邦議会およびクリントン政権に対する支持キャンペーンを行っていた。

　しかし1994年、上院・下院議会で共和党が過半数を占めることにより、政治環境は予算支出に関してはるかに保守的で厳しいものとなった。共和党主導の議会は環境保護政策・プログラムの支援に消極的であり、むしろ環境立法の緩和や環境予算の削減が図られることとなる。こうした政治状況の中で、地球の友の活動方針は転換ないし修正を余儀なくされる。すなわち、環境保全へ多額の予算を計上する可能性が小さくなった一方で、政府支出の削減に対する議会の強い関心を、環境破壊的な政府補助金・プログラムに向ける可能性が生じたのである。こうした情勢の中から生まれたのがグリーン・シザーズであった。地球の友は、1993年に保守的NGOである全米納税者組合（National Taxpayers' Union）のスタッフと連合し、環境破壊的な政府プログラム・補助金を削減するための非政府政治連合を発足させていたが、上述の政治的変化を踏まえ、1995年1月に両者がグリーン・シザーズ・キャンペーンを開始する。このキャンペーンの中心的文書は、地球の友が数十の環境NGO、公共政策NGO、経済政策NGO、保守的NGOと共同して発行する年報「グリーン・シザーズ・レポート」である。このレポートには何十もの環境に有害な補助金が指摘されており、その数は年々増え続けている。[12]

　他方興味深いのは、環境破壊的経済活動に対する優遇税制の廃止をめぐる

運動内団体の対応である。地球の友は、最初のグリーン・シザーズ・レポートを作成した直後、「ダーティ・リトル・シークレット」(Dirty Little Secrets)というタイトルをもつ税補助金（tax subsidies）に焦点を当てたレポートを作成している。これはグリーン・シザーズと同様の動機から作成されたものであるが、グリーン・シザーズ・レポートを共同作成した多くの保守的NGOは、この問題で協力するのを拒否したという。というのは、「小さな政府」を標榜するこれらNGOにとって優遇税制の廃止は増税に等しく、増税をもたらす改革には、たとえそれが汚染に対する増税を意味するものであっても、支持しようとはしなかったからである。

　以上がグリーン・シザーズ運動の経緯であるが、明らかなように、新自由主義的な色彩の強い政治状況において、環境主義者の改革方針を市場の重視と政府の役割の縮小という方向に規定する政治力学が働いていることがわかる。補助金政策は一般に、それが特定の利害を充足させる結果レント・シーキング活動を行う集団を生み出すため、改革に対する政治的抵抗は非常に大きい。多くの場合、一国の環境保護勢力が単独でこの抵抗を克服していくことは困難である。そこで、環境保護勢力が補助金改革を実現するためには、経済的効率その他の見地から補助金政策に異をとなえる他の勢力との政治的同盟を追求せざるを得なくなる。このことは、補助金グリーン改革の動向が、当該国における経済政策の基調に規定されやすいことを意味している。

おわりに　エコロジー的近代化と自由市場環境主義

　本章では、「税財政のグリーン改革」の支出面の改革である「補助金グリーン改革」の現状を概観してきたのであるが、そこには改革のあり方をめぐって、欧州とアメリカの間に相違があることが明らかとなった。

　補助金グリーン改革をめぐる分岐が有する意味は、「税財政のグリーン改革」の収入面における「税制のグリーン改革」を併せて考えることによって、より明確になるように思われる。前章で述べたように、欧州諸国はこの間、

環境負荷に基づく既存税制の再構築と炭素税をはじめとする新規環境税の導入に積極的に取り組んできた。一方アメリカは、税制を通じた外部不経済の内部化には消極的であり、財政システムを通じた環境制御よりも排出権取引のような権利論アプローチを選好する傾向にある。

　以上を総合すれば、われわれは、「税財政のグリーン改革」の国際的動向から改革の2つの理念型を抽出することができよう。それは、環境保全に対する「財政論アプローチ」と「権利論アプローチ」と言うべきものである。第1の欧州型は、環境税の積極的導入により、人間と自然の物質代謝過程の税制による制御をめざす。一方、過去様々な経済的・社会的配慮から導入してきた補助金体系については、そのラディカルな削減よりも、環境保全型補助金への漸進的転換を図る。また政治的には、改革プロセスは多くの場合、環境主義者と社会民主主義との政治的同盟として推進される。第2のアメリカ型は、税財政のグリーン改革の支出面に重点を置いた改革である。このタイプの改革では、まず補助金改革が積極的に進められ、補助金のラディカルな削減によって国家の経済および自然に対する財政的関与を最小限にすることがめざされる。新規の税・課徴金の導入は、機会費用アプローチにおけるフル・コスト原則の適用として、その範囲においてのみ実施される。またこのタイプの改革は、自然資源に対する所有権やアクセス権の設定のように、総じて人間・自然の物質代謝過程を税制よりも権利の設定と売買によって制御することを選好し、したがって排出権取引にも意欲的である。政治的にはこの改革は、環境主義者と新自由主義との同盟によって推進される。

　この分岐は、前章で述べた「エコロジー的近代化」の性格に関係しているように思われる。エコロジー的近代化は、環境保全に対する「効率性アプローチ」として、環境改革における市場のダイナミズムを重視する立場に立っていた。その意味で、エコロジー的近代化に基づく環境政策は、環境税や排出権取引を含む環境保全の「経済的手段」を重視するものである。ところが、補助金改革の現状をみると、一般には「経済的手段」という名の下に一括して捉えられている「財政論アプローチ」と「権利論アプローチ」の間に対立

関係が生じていることがわかる。エコロジー的近代化は、効率性重視のアプローチとして本来的に新自由主義的かつ反国家主義的な性格を有するものであるが、その論理を突き詰めていくと、環境保全への「財政論アプローチ」そのものを否定するに至るのである。

　このように、エコロジー的近代化は、その内部に環境財政を否定する思想を有している。それは「自由市場環境主義」(free market environmentalism) である。自由市場環境主義とは、環境破壊の原因を自然に対する所有権と市場の欠如に求め、自然資源に対する私的所有権の設定とその売買を通じて望ましい資源管理を行おうとする立場のことである。自由市場環境主義は、環境政策における「官僚的統制」を環境悪化の重要な要因と捉え、官僚的統制に代えて市場の力に依拠することにより、効率的な環境保全を実現しようとする。その意味で自由市場環境主義は、環境財政に対しても否定的である。そこで、次章以下では、この自由市場環境主義の内容をさらに検討し、それが環境財政論に対して有する含意を考察することにしたい。

第2章 注

（1）税財政のグリーン改革は、歳入・歳出の両面に関する全ての財政項目を、持続可能性という基準に従って総点検することから始まる。これは通常、①既存の歪んだ補助金の廃止・修正、②既存税制の再構築、③新しい環境税の導入、という3つの相互補完的なアプローチからなるものとして整理される（OECD [1997a] p. 19）。

（2）例えば宮本憲一は、国庫補助金制度を地方公共団体、民間法人、個人などに対する反対給付を必要としない「国の一方的貨幣給付」と定義する。さらに彼は、政府による民間経済への公共的介入手段である「行政、司法による直接統制」と「経済的介入」の2つの手段のうち、経済的介入の手段を①国有化、②補助政策、③課徴金の3つに分類し、さらに補助政策を(a) 補助金（私企業、個人など民間部門に直接貨幣を給付する）、(b) 特別減税（特定のグループの課税を軽減する）、(c)財政投融資（低利長期の財政資金の貸付け）、(d) 公共事業・公共サービスによる助成（その多く

が補助金事業）の4つに区分しており、この補助政策の全体を広義の補助金としている（宮本編 [1990] pp.7-8)。
(3) Barg [1996] p.28を参照。ただし同論文中では、「隠れた補助金」という言葉の代わりに「環境補助金」(environmental subsidy) という言葉が使われている。
(4) 以下の記述は、主にOECD [1998] に依拠しているが、その他EEA [1998]、Myers and Kent [2001]、van Beers and de Moor [2001]、de Moor and van Beers [2002] も参照した。
(5) 農業補助金が有する環境上の問題点は、第1に、自然の生産力を超える「過剰開発型農業」(overexploitative agriculture) とよぶべき農業を定着させたことである。価格支持や投入物に対する補助金は、農民が生産拡大をめざして土地を過剰利用するようインセンティブを与え、この過剰生産が経済的浪費と環境悪化をもたらしている。また、多額の補助金投入により自由市場の下では全く栽培が行われなかったであろう地域にまで農業が定着し、現在まで継続されている。この問題が最も典型的に現れているのは、カリフォルニアの砂漠地帯における農業である。第2に、このような一連の過剰開発型の農業活動が農地に過重な負荷を与え、その結果農業生産を支える「環境資源基盤」(environmental resource base) が急速に劣化している。例えば土壌浸食では、過去20年間にインド農地の表土量にほぼ等しい5000億トンの表土が流出した。現在、250～750億トンの表土が年間に流出しており、その3分の2は農地からである。その結果、過去50年間に少なくとも4300万㎡の農地が廃棄されているが、これは現在の農地の3割に相当する（Myers and Kent [2001] p.52)。第3に、「援助の悪循環」(a vicious cycle of more support) すなわち補助金の供与が次々とさらなる補助金の必要性を生じさせるという問題である。これには2つの経路がある。第1の悪循環は、過剰開発型農業の促進と環境資源基盤の劣化によって生み出される「補助金と環境破壊の悪循環」である。例えば肥料・農薬の過剰投与は土壌を劣化・疲弊させ、そのことがまたさらなる肥料・農薬投与の必要性をもたらす。第2は、過剰生産と補助金の悪循環である。補助金システム導入は慢性的な過剰生産を引き起こす。補助金によって生じた余剰農産物は、まず輸送・保管のための補助金を要求する。また補助金を受けた余剰作物を輸出するために、追加的な公的支援が必要

となる。こうした余剰作物は生産価格でも世界市場価格でも売れないので、輸出補助金の助けを借りて初めて処分できる。その結果世界市場価格が抑制され、そのことが価格補助金をさらに増大させるのである。この過剰生産と補助金の悪循環は、一般に途上国型の消費者補助金よりも、生産刺激効果の大きい先進国型の生産者補助金により顕著に現れる (van Beers and de Moor [2001] pp. 39-40)。

(6) エネルギー補助金は環境に対して直接的な影響を与えるのみならず、工業・農業・運輸のような重要産業部門の構造に影響を与え、間接的にも環境負荷を増大させる。補助金を受けたエネルギーは人工的な競争優位 (an artificial competitive advantage) を生み出し、補助金エネルギーの周囲にエネルギー集約型産業が群がる「補助金クラスター」(subsidy clusters) をもたらすのである (Koplow [1996] pp. 201-203)。補助金は工業立地に関する決定を大きく左右する。工業生産における補助金クラスターの典型はアルミニウム産業であり、同産業は世界中で多額の補助金を受けた電力を消費している。エネルギー補助金はまた、アメリカ式の農業システムを支えてきた。アメリカ農業は食料エネルギー産出単位当りのエネルギー投入量でみると、1カロリーの食料エネルギーを産出するのにおよそ9カロリーの化石燃料エネルギーを用いており、世界で最も非効率的な農業の1つである。運輸に関しては、補助金エネルギーは化石燃料集約型の輸送システムを定着化させる。

(7) エネルギー補助金のこの2つの主要タイプに関連しているのは、支援の目的である。先進国政府がエネルギー生産を支援する主目的は、国内のエネルギー供給を保護し、国民経済の外的ショックに対する影響を緩和することである。また、先進国における国内エネルギー部門は雇用の少なからぬ部分を占めており、雇用保護の社会的圧力がある。一方、開発途上国政府がエネルギー消費に補助金を供与する主な目的は経済発展の促進であり、エネルギー補助金は成長の障害を除去すると考えられている。また、低所得層へのエネルギー供給を保証することも主要目的の1つである (van Beers and de Moor [2002] p.33)。

(8) ドイツの石炭産業に対する主な支援策は、国内工業による一定量のドイツ産炭の購入義務である。最近までこの補助金は、電力消費者への石炭課徴金によってファイナンスされており、コストは年間75億ドルに増大した。

さらにドイツ石炭産業は、炭鉱労働者年金基金の赤字補填、早期退職スキームのための補助金、水汚染制御や閉鎖炭鉱の地盤沈下防止への援助などを通じても支えられている。これらの補助金がさらに85億ドル、それゆえ補助金総額は年間160億ドルに上っていた。総コストは生産量1トン当り295ドル、炭鉱労働者一人当り10万ドルである。そのためドイツは石炭補助金改革に取り組み、1997年には生産者支援を2005年までにおよそ37億ドルに削減する協定が合意をみた。移行への適応のため、政府は炭鉱労働者の早期退職スキームへの資金供給と再訓練プログラムの実施を検討している（Myers and Kent [2001] pp. 72-73)。

(9) したがって、PSEを環境保全の指標として用いることには注意を要する。OECDが述べているように、参照価格と現実の価格の格差を示すPSEは、国内生産者・消費者を保護・支援する条件を計測するものであるから、貿易を撹乱する傾向のある市場の歪みを示す指標としては有益である。しかし、環境ダメージをもたらす歪みを同定するためには、PSE指標に含まれる各基準の効果を評価しなければならず、それが困難な場合には、PSEは環境ダメージを増大させる政策の存在を示す指標としてはそれほど適切ではないこともありうる（OECD [1997b] p.22)。

(10) 以下の記述は、主にKripke [2002] を参照している。

(11) そのきっかけとなったのは、1989年にコロラド州選出の民主党上院議員Tim Wirthが環境保護グループに対して行った講演であった。彼は、環境主義者が連邦の予算過程にもっと注意を払うべきであること、不十分な予算のために多くの環境法が十分に実施・執行されていないこと、連邦予算の割当プロセスが複雑なため環境保護部局に配分される予算が不十分であることを指摘した（Kripke [2002] p.46)。

(12) 補助金をレポートの項目に含める基準としては、以下の諸点があげられている。①環境や公衆衛生に被害を与える補助金、②過剰開発的・環境破壊的な活動を促進する経済的歪み、③政府投資の正当な収益をもたらさないプログラム、納税者が所有する資源を過小評価するプログラム、④他の連邦政策と直接衝突するプログラム、⑤環境浄化その他政府に任せられた責任、⑥非意図的な関係者（unintended parties）に便益を与えるプログラム、⑦企業・コミュニティ・個人の負担を助長する補助金（Kripke [2002] p.51)。

第3章　自由市場環境主義と自生的秩序

はじめに　アメリカにおける自由市場環境主義の台頭

　現在、アメリカの環境保護をめぐる政策立案や環境保護の具体的な取組みにおいて、「自由市場環境主義」と呼ばれる考え方が、その影響力を強めている。自由市場環境主義とは、前章でも述べたように、環境破壊の原因を自然に対する所有権と市場の不在に求め、自然資源に対する私的所有権の設定とその売買を通じて望ましい資源管理を行おうとする立場のことである。また自由市場環境主義は、環境政策における不適切な政府規制、いわゆる「官僚的統制」が環境の改善よりもむしろその悪化を招いていると考え、官僚的統制に代えて市場の力を利用することにより、適切かつ効率的な環境保護を実現しようとする。

　アメリカの環境行政・環境保護運動に対する自由市場環境主義の影響は、各方面で顕在化しつつある。その具体的な現れとして、①大気清浄法やスーパーファンド法など、汚染制御関連法の規制緩和をめぐる動き、②連邦環境保護庁を初めとする環境関連部局の予算削減、③環境破壊的な政府事業や農業などへの補助金の削減、④公有地の放牧料・レクリエーション料増額など、天然資源使用料の導入・引上げと資源財政・自然保護財政の一般財政からの分離・自立化、そして⑤二酸化硫黄・有鉛ガソリンなどに対する排出権取引制度の導入、といった諸点を指摘することができよう。このように、自由市場環境主義の影響は、大気・水汚染制御、資源利用、自然保護とレクリエーション、環境行政・環境財政の見直しなど多方面にわたっており、アメリカ環境行政全体の再構築がこの理念に基づいて進行しつつあるといっても過言ではない。

さらに、この新しい環境思想の台頭は、環境政策論における既存の議論の枠組みにも再考を迫るものである。周知のように、これまで環境政策論では、直接規制政策といわゆる経済的手段という2つの政策手法の比較、およびそのポリシー・ミックスのあり方が、中心的な議論の1つをなしていた。しかし、自由市場環境主義の掲げる市場の秩序形成能力に対する確信とその徹底した反官僚主義・反国家主義は、直接規制政策に対する非妥協的な批判内容を含むのみならず、従来経済的手段として一括されてきた税・課徴金政策および補助金政策といった環境保護に対する財政論的なアプローチと、排出権取引に代表される権利論的なアプローチとの間にも、楔を打ち込む契機を内包している。

　本章の目的は、このようにアメリカの国内・対外環境政策、および環境政策論において影響力を強めつつある自由市場環境主義の理念的構造について考察することである。その際に、自由市場環境主義の理念的・理論的源泉をなす思想潮流ないし理論的立場として、3つの潮流を挙げることができると思われる。第1に、ハイエク、ポパー、ミーゼスらいわゆるオーストリア学派の市場哲学、第2に、ロナルド・H・コースの権利論アプローチに基づく社会的費用論、第3に、ロバート・ノージックらに代表されるリバタリアニズムの自由主義的法哲学である。オーストリア学派の市場哲学は国家の恣意的な規制に対してルールに基づく規制を対置し、コースの権利論アプローチは自然資源の私有化による環境保護の経済学的根拠と具体的な制度構想を提示し、リバタリアニズムの法哲学は「最小国家」の必要性と国家の実定法に代わるコモン・ローに依拠した責任概念の復権を提起する。ルールに基づく規制、私有化、コモン・ロー的責任概念は、自由市場環境主義の三位一体を構成し、自由社会の原則と調和した環境問題の解決をもたらすとされるのである (Taylor [1992])。この新しい環境保護構想の可能性と限界を見極めることは、環境政策論にとって喫緊の課題であると思われる。

　これらの思想・理論潮流の包括的な分析はこの小論の課題を超える。本章では、自由市場環境主義に特に大きな影響を与えているハイエクの「自生的

秩序」(spontaneous order) に関する議論を参照しながら、自由市場環境主義のイデオロギー的内容を検討し、環境政策論、特に環境財政論に対し自由市場環境主義が有する含意について若干の論点を指摘することにしたい。

第1節 自由市場環境主義の理念的立場

まず本節では、自由市場環境主義の思想内容と官僚的統制アプローチに対する批判を概観する。一般に、自由市場環境主義の主張にみられる顕著な特徴は、いわゆる「指令・統制型」の官僚主義的システムと、個人の選好が資源配分と環境の質を決定する市場志向のシステムという2つのアプローチのみを、環境保護の可能な選択肢として対置することである。この問題設定においては、両者の対立は非和解的で全く相容れないものであり、自由市場環境主義は、官僚的統制に対する唯一の代替的選択肢とみなされる。

ここで主として検討するのは、自由市場環境主義を提唱・推進する立場からその内容を包括的に論じている、アンダーソンとリールの著書『自由市場環境主義』(Anderson and Leal [1991]) である。彼らは、政府による官僚的統制と集権的資源管理による環境保護を「持続的発展」とよび、この「持続的発展」アプローチに対する自由市場環境主義の優位性を論じているのであるが、その主張は大きく以下の3点にまとめられよう。[1]

(1) 私的所有と市場取引に基づく資源管理

自由市場環境主義の核心にあるのは、自然資源に対する明確に特定された、移転可能な所有権の制度である。明確な所有権の設定下では、自然資源利用者による不適切な意思決定は資源所有者の富を脅かすため、自然資源所有者は利用者に対して資源管理のための規律を課すことになる。そして所有権の移転可能性は、所有者に対して、彼ら自身にとっての価値だけではなく他人の支払意思に対応する価値も考慮に入れることを要請する。こうして、自然資源に対する取引可能な所有権の設定は、結果として「望ましい資源管理」

(good resource stewardship) を実現する。[2]

　また自由市場環境主義は、所有権を執行（enforcement）する政府の役割の重要性を強調する。土地登記制度や厳格な責任ルール（liability rule）、裁判所における所有権紛争の判決によって得られる明確に特定された権原（title）が存在すれば、市場過程は望ましい資源管理を促進することができる。自然資源の過剰な開発が発生するのは、権利が不明確で、その執行が適切に行われていないことによるものである（p.3）。

（2）市場と環境の肯定的関連性

　通常、市場と環境の関連は否定的に捉えられており、こうした考えからは「自由市場環境主義」という名称自体が言葉の矛盾として拒否される。それにもかかわらず、自由市場環境主義は何故自らを官僚的統制の唯一の代替的選択肢と考えるのか。それは、自由市場環境主義の理論的基盤を構成する3つのビジョンを考察することによって明らかとなる。そのビジョンとは、人間性、知識、過程に関するものである。

① 人間性（human nature）：自由市場環境主義は、人間を利己的（self-interested）な存在であると考える。環境倫理を発展させることは確かに望ましいが、基本的な人間性を変化させることは困難であり、またよき意思がよき結果を生み出すのに十分であるわけではない。望ましい資源管理とは、意思ではなく、個人のインセンティブを通じて社会制度が利己心をいかに利用するかにかかっている。

② 知識（knowledge）：望ましい資源管理は、インセンティブに加えて利己的個人に利用可能な情報にも依存している。自由市場環境主義は、この情報ないし知識が集中しているのではなく拡散・分散しているものと考える。生態系は多くの異なる自然力の相互作用に依拠しているから、それを遠くから「管理」することはできない。望ましい資源管理を行うための情報は時と場所に応じて大きく異なっており、資源管理はその場所、その土地でのみ獲得できる情報を要求する。それゆえ知識は、社会の全ての自然資源

を首尾よく管理することのできる「単一の精神ないし精神集団」(a single mind or group of minds) に集約することはできない。

　集権的・政治的資源管理と自由市場環境主義の知識に対する認識の違いは、主に個人間の知識配分にある。集権的・政治的統制の見地では、専門家に比べ普通の人は環境について多くを知らず、またその知識は不正確である。自由市場環境主義は、専門家と平均的個人の知識のギャップはそれよりはるかに小さいと考えている。この見地では、個々の資源所有者は自分の財産について局所的情報 (time- and space-specific information) を獲得する位置にあり、またそのインセンティブを有しているので、集権的官僚制よりも資源管理に適している。

③ 過程 (processes)：人間性と知識に関するこのようなビジョンから、自由市場環境主義は、解決の処方そのものよりもむしろ過程の研究に取り組む。もし仮に利己心の克服や知識の集中が可能ならば、政治的統制を通じた解決の可能性が大きくなる。しかし、もし実際に存在するのが分散した知識を有する利己的個人であるならば、解決へ向けた過程は、その過程に内包されたチェック・アンド・バランスによって特徴づけられる多様な解決法を生み出すに違いない。私的所有を通じて富と望ましい資源管理をリンクさせることにより、市場的過程は多くの個別的実験を生み出す。そしてそれらの実験の中で成功したものがコピーされるであろう。

　自由市場環境主義を構成するこれら3つの要素は、生態系における有機体の相互作用の特徴にもあてはまる。進化論では生命の利己的な行動が想定されている。生態学は局所的情報の重要性を強調する。種が反応すべきパラメータは生態系の内部で著しく異なっているため、種の個体は各自の有する知識を用いて局所的特徴に反応しなければならない。生態学はまた、生物種間の過程と相互作用についての研究である。自由市場環境主義と同様、生態学は種の個体にとどく情報とインセンティブに焦点を当てる。ある生態系に隙間 (niche) が開かれている場合、種はその隙間を埋めることによって利益を得る。それは局所的情報を効率的に利用する「個体的過程」(individualistic process）である（pp. 4-6)。

（3）「持続的発展」の科学的管理アプローチ批判

　持続的発展と自由市場環境主義の相違は、「規律の方法」(the method of discipline) に現れる。通常の市場経済では、市場価格は消費者に対して稀少な予算を競合する需要間に配分するよう規律を与え、生産者に対しては、より稀少性の小さい代替物の発見を通じて稀少資源を保全するよう規律を与える。こうした規律が機能するのは、消費者・生産者が自らの行動の全コストに直面させられているときである。しかし外部性が存在する状況下では、この規律メカニズムは機能しない。環境問題が発生するのはこの規律の欠如によるという点では、持続的発展と自由市場環境主義は一致する。

　しかし持続的発展は、規律の方法として、人口コントロール・消費抑制・リスク制限・新しい環境倫理の発展・富の再配分を目的とする消費者・生産者統制や、経済成長を抑制するための政治的規制を要求する。こうした科学的管理アプローチは、生態系をモデル化し解を決定することのできる全能の「情け深い」専門家に依拠している点で、自由市場環境主義と鋭く対立する。

　科学的管理アプローチは生態学の基本原則を侵害するものである。生態系の可能なバリエーションに関するあらゆる知識を集中させることは不可能であり、その生態系がグローバルな環境である場合は特にそうである。また持続的発展は、動学的問題に静学的な解を追求することによって、エコロジー原則を侵している。持続的発展の推進者は、あたかも地球環境問題に究極的な解があるかのように、エネルギー消費・二酸化炭素排出量・森林伐採・人口についての特別な制限の必要性を唱えている。これらの静学的な解決策は、変化する情報への対応として設計されたものではない。

　これに対して自由市場環境主義は、エコロジーの原則と一致したアプローチである。自由市場環境主義は、個人が利己心を捨てそうもないことを認め、制度がどのようにしてこの「生き残り特性」(survival trait) を活用できるのかを問題にする。自由市場環境主義は、環境に関する情報が拡散しているた

め、少数の専門家集団が地球を生態系として管理するのは不可能であることを理解する。個人は、生態系における他の種がそうしているように、局所的情報に依拠し、実験を行い、ニッチを発見する。こうした過程を通じて初めて、望ましい状況に到達することができるのである (pp. 169-172)。

第2節　自生的秩序と自由市場環境主義の反国家主義

　以上、自由市場環境主義の主張内容を簡単にみてきたのであるが、われわれはそこに、ハイエクの知識論と「設計主義的合理主義」(constructivist rationalism) 批判、いわゆる「自生的秩序」論の影響を容易にみてとることができるであろう。周知のようにハイエクは、理論知と実践知という知識の二分法に基づき、社会秩序の発生を2つに分類して説明した。彼によれば、理論知による意図的設計によって計画的・合目的的に構成された秩序は「組織」(organization) あるいはギリシア語の名称を用いて「タクシス」(taxis) とよばれる。一方、実践知によって没計画的に、したがってあらかじめ何らの目的をも設定することなく自己増殖的に成長してきた秩序は「自生的秩序」あるいは「コスモス」(cosmos) とよばれる。社会秩序の基底層は圧倒的に後者であり、社会秩序の発生においては、理論知に対する実践知の優位、またタクシスに対するコスモスの優位が認められる。ハイエクによれば、設計主義的合理主義の試み、すなわち一切の社会秩序を意図的設計によって構築しようとする試みは、この二分法を看過している点で決定的に誤っているのである。幾百万の頭脳のうちに分散され、黙示的に伝達されている膨大な実践知を一握りの頭脳による理論知によって管理・統御することは原理的に不可能であり、仮にそれが可能であるとしても、それは限りない非能率性を生み出すであろう。のみならず、それは大衆を一握りの頭脳に隷従させる危険をも生み出す。設計主義的合理主義は必然的に実践知の破壊をもたらし、ひいては社会秩序の崩壊に至る。[3]

　自由市場環境主義の主張、特にその知識・情報の局所性や過程を重視する

社会秩序観が、こうしたハイエクの自生的秩序論に依拠していることは明らかである。すなわちハイエクの言葉を用いるならば、自由市場環境主義とは、環境保護と資源管理を政府の設計主義的計画としてではなく自生的秩序として実現する試みであり、自然資源に対する所有権の設定とその執行以外の役割を政府に認めない点で、徹底した反官僚主義・反国家主義の立場に立っているということができる。

　ところで、このような自由市場環境主義の徹底した反国家主義は、環境政策論においてどのような含意を有するものであろうか。自由市場環境主義の反国家主義は、環境政策のあり方と環境保全的な社会秩序の形成に関する対立図式として考えるならば、少なくとも以下の3つの位相を有するものとして解釈することが可能であると思われる。

① 〈政府―市場〉：この図式においては、環境保護の指令・統制型アプローチと、経済的手段によるアプローチが対比される。両者を区別する基準は、政策の実施が個別の経済主体にとってどのような力として認識されるのか——強制かインセンティブか——という点にある。この図式では、税・課徴金のようなピグー的財政アプローチと排出権取引によるコース的な権利アプローチは、市場をベースとする環境保護の政策手段として一括して捉えられ、指令・統制型アプローチと対比される。

② 〈財政―権利〉：自由市場環境主義の反国家主義は、国家の財政活動そのものに対する批判として解釈することが可能である。その場合〈政府―市場〉図式において経済的手段アプローチや市場アプローチとして一括されていたピグー的財政アプローチとコース的権利アプローチとは、ここでは対立するものとして捉えられる。両者を区別する基準は、財政アプローチの有する「操作性」である。ピグー的財政アプローチにおいては、国家は経済社会の外部に存在し、外から財政システムを通じて経済社会に働きかける。

③ 〈集権―分権〉：この図式は、政府間関係の面からみた中央集権的な国家構造に対する批判である。分権的環境保護を担う主体、そしてそれが行

われる場となるのは地方政府・自治体であり、また様々なコミュニティや共同体的な規制・資源管理を行っている「コモンズ」とよぶことのできる社会組織・制度である。〈集権—分権〉図式においては、これらコミュニティ・ベースの環境保護が国民国家ないし中央政府による環境保護に対置される。両者を区別する基準は、さしあたり「地域性」の有無として考えることができよう。

　この3つの対立図式のうち、これまで自由市場環境主義が言及してきたのは、もっぱら①の〈政府—市場〉図式であって、他の2つの図式に関して自由市場環境主義がどのような態度をとっているのかは必ずしも明示的に示されていない。特に、環境政策論というわれわれの問題関心から重要なのは、自由市場環境主義による財政の位置づけである。これらの点を明らかにするためには、自由市場環境主義の理念的源泉をなす思想潮流にまでさかのぼって考察する必要があると思われる。そこで次節以下では、ハイエク後期の主著『法と立法と自由』三部作（ハイエク［1973］・［1976］・［1979］）に表れている彼の財政観・政府観、および私的所有権に対する考え方を手がかりに、自由市場環境主義の反国家主義が有する性格をより明確化することをめざしたいと思う。[4]

第3節　〈財政—権利〉図式とハイエクの財政観

　本節では、前述した3つの対立図式のうち〈財政—権利〉図式を念頭に置きつつ、ハイエクの自生的秩序論における政府および財政の位置づけを中心に、さらに立ち入った検討を行うことにする。ただし、自由市場環境主義の理念的構造を扱う本章では、考察は幾つかの原理的問題に限定される。

　まずはじめに問題となるのは、ハイエクの考える財政の本質規定である。ここで重要なのは、課税に際して考慮すべき原則や、財政支出が従うべき規則、また個別的な税制の正当性の検討といった点ではなく、そもそもハイエクにとって財政とは何であるかということである。ハイエクは、財政の本質

について次のように述べる。

「全体として見た場合、政府の予算というものは、特定機関に特定の仕事をさせる権限を与える組織の行為計画であり、正義に適う行動ルールの言明でないことは、かなり明白である。」(『法と立法と自由Ⅰ』p.173)

ここでハイエクがいう「組織」とは、「自生的秩序」に対比されるタクシスとしての組織であることは言うまでもない。財政とは政府という「組織の行為計画」であり、自生的秩序に属する秩序ないし秩序形成原理ではない。何故なら「事実、たいていの予算は、支出に関する限り、およそルールと名のつくものはいっさい含まず、政府の手にある手段が用いられる仕方とその意図に関する指示からなる」ものであり、「特定の年に課税によって集めるべき総収入の決定は、依然として特定の事情に導かれる特定の決定である」(『法と立法と自由Ⅰ』p.174) からである。

このことから、自生的秩序を自由社会の不可欠の構成原理と考えるハイエクが、財政に対して抱いている一般的な否定的見解ないし警戒心をうかがうことができる。それでは財政が自生的秩序を破壊する危険性は、より具体的にはどのような形で現れるのか。それには、財政の編成目的を政府の機能という面から検証することが有益であろう。

ハイエクによれば、政府には2つの果たすべき機能がある。第1に、自生的秩序を構成するルールの施行である。自生的秩序の内部にある組織の中で、政府は極めて特殊な位置を占める。「われわれが社会と呼ぶ自生的秩序が政府なしでも存在できることは考えられるが、たとえそのような秩序の形成に必要とされる最低限のルールがそれらを施行するための組織化された装置なしに守られるとしても、われわれが政府と呼ぶ組織は、たいていの場合、これらの諸ルールを守らせるために不可欠である。」ハイエクによれば、政府のこの機能は「工場の営繕班のようなもの」であって、特定の財・サービスの生産ではなく、それらの「生産を規制するメカニズムの円滑な運行の維持」を目的とするものである (『法と立法と自由Ⅰ』p.63)。政府の第2の機能は、集合財ないし公共財の供給である。この機能に関してまずハイエクは、政府

の機能を第1のルール施行機能に制限すべきであるというノージックの「最小国家」論を退ける。「われわれは、進歩した社会にあっては、さまざまな理由から市場によっては供給できない、あるいは適切に供給できない多くのサービスを供給するために、政府が課税によって資金調達する権力を使用すべきである、ということに議論の余地はないと考える」(『法と立法と自由Ⅲ』p.65)。ただ同時にハイエクは、課税による一部サービスの資金調達は、そのサービスが必然的・自動的に政府によって組織化・管理されるべきことを意味するものではないと、この機能に留保条件を付ける。何故なら集合財や外部効果の是正を「市場のより効率的な方法によって供給するのに必要な条件が欠けているために、われわれはこうしたサービスについては劣悪な供給方法に頼っている」からである (『法と立法と自由Ⅲ』p.71、傍点は原文)。政府による集合財供給は常に次善の策であって、もし当該サービスが市場の自生的メカニズムによって供給され得るならば、それに依拠することが望ましい。そしてハイエクは、通常は明確に分離されていない政府の第1の機能すなわち「政府が行動ルールを施行する際の強制機能」と第2の「政府の自由に委された諸資源を管理する必要がある場合のサービス機能」を区別することの重要性を強調する。というのは「後者では、政府は自生的全体秩序の一部をなす多くの似通った組織の一つである」のに対し、前者の場合政府は「全体秩序維持に不可欠な条件をつくりだす」からである (『法と立法と自由Ⅰ』p.64)。このようにハイエクは、政府の存在規定をそれぞれの機能に対応していわば「組織」と「非・組織」の2つの側面から捉えていることがわかる。⁽⁵⁾ハイエクにとって政府のルール施行機能は無条件に承認されるものであり、また集合財供給機能は若干の留保条件とともに⁽⁶⁾承認されるものである。

ところが、現実の政府機能にはそれに留まらない第3の機能が存在する。それは「社会的正義」の実現機能である。「社会的正義」の実現機能とは、物質的地位の平等を目的とする財政の再分配機能のことであるが、ハイエクはこの政府機能の妥当性を認めない。その理由はこうである。第1に「社会的正義」という概念そのものが誤りである。ハイエクによれば、物質的平等

に対する要求は「既存の不平等は誰かある人の決定の結果であるという信念」(『法と立法と自由Ⅱ』p. 116) を根拠としていることが多い。しかしそれを、自生的秩序としての「社会」に対する請求権とみなすことは無意味である。その理由は一言でいえば、社会は主体ではないからである。

「もちろん、生じているある事象の状態を、それに寄与する全てが正義に適うように（あるいはもとらないように）行動しているという理由で、『正義に適う』と呼びたい誘惑にかられる。しかし、これは、自生的秩序の場合にそうであるように、結果として生じている状態が個々人の行為の意図した狙いではない所では、誤りである。人間によって作り出されてきた状況だけが正義に適うあるいは正義にもとるとよびうるのであるから、自生的秩序の特定事項を正義に適うとかもとるとよぶことはできない。Aが多くをもちBが少量しかもたないことがある人の行為の意図したあるいは予見された結果でないとすれば、これを正義に適うとかもとるということはできない。」(『法と立法と自由Ⅱ』pp. 50-51)

同様の理由からハイエクは、目的・価値・責任・連帯・主権といった自生的秩序の「擬人化」をもたらす概念を、市場秩序という「非人格的過程」に帰属させることを批判する。[7]

第2にハイエクは、「社会的正義」の実現は、全体主義的権力を有する組織としての政府によってしか行い得ず、それゆえ必然的に自生的秩序を破壊すると考える。この点を明らかにするため、ハイエクは「消極的権利」と「積極的権利」という2つの権利概念を区別する。「消極的権利」とは「個人と団体の制限つきの自由裁量に基づく管轄権」のことであり、「積極的権利」とは「社会的に正当化された妥当な要求」と定義される。[8]「個人の領域を保護するルールの単なる補足」である消極的権利に対して、積極的権利とは「誰がその提供の義務を負うかとかどのような過程を経て提供されるかということについての何の指示もないままに、あらゆる人間的存在がそのようなものとして当然に受ける資格があると想定されている、特定の便益に対する請求権」(『法と立法と自由Ⅱ』pp. 144-145) である。そうした請求権の充足を

認めることは、「社会を自由な人間からなる自生的秩序としてではなく、構成員全員を諸目的の単一のハイアラーキーに貢献させる一つの組織として、処理することになる」（『法と立法と自由Ⅱ』p. 108）であろう。何故なら社会の構成員は「自分の知識を自分の意図のために利用することを許されず、支配者たちが充足すべきニーズに適合するように設計した計画を実行しなければならない」からである。したがって彼によれば、積極的権利は「旧来の市民的権利が目指す自由主義的秩序を同時に破壊することなく、法によって施行されることはありえない」とされる（『法と立法と自由Ⅱ』p. 145）。

以上われわれは、ハイエクの自生的秩序論における財政観・政府観を、財政の本質規定、財政と政府機能、財政と権利の関係といった諸点にわたって概観した。これを自由市場環境主義との比較においてまとめるならば、以下の点を指摘することができる。

（1）財政は「組織の行為計画」であり、自生的秩序に属するものではない。これがハイエク財政論の基本テーゼであり、この財政の本質規定における否定的評価は、自由市場環境主義の反国家主義とその志向性を同じくするものである。したがってハイエクの区分する政府の3機能のうち、政府のルール施行機能を唯一積極的に評価する点で両者は一致する。

（2）ところで、ハイエクはルール施行機能を行使する政府を「組織」とは認めないから、「組織の行為計画」としての財政の定義に合致する政府機能は、集合財供給機能と「社会的正義」実現機能に限られることになる。このうち前者は外部効果の内部化や集合財・公共財など、市場秩序の供給できない機能を代替するものであり、後者は「正義」すなわち何らかの価値や責任を社会的に組織化する機能である。それゆえハイエクは、財政の編成原理として、機能論的原理および価値原理ないし責任原理という2つの原理を想定していると考えることができよう。

（3）この2つの原理のうち、価値・責任原理について両者が否定的であることは明らかである。この否定的評価の根底にあるのは、両者に共通してみられる市場秩序に対する徹底した機能論的接近である。両者は、市場秩序に

モラルや責任の観点を持ち込むことを批判する。自由市場環境主義では、それは利己心の人間本性としての承認、また環境倫理に基づく「科学的管理」アプローチに対する批判として表れていた。ハイエクにおける機能論的接近は、市場秩序に対する道徳的評価の無意味性・有害性という主張に典型的に表れている。したがってこの立場からするならば、例えば地球温暖化問題に際しての先進国責任論に基づく炭素税の導入や国際的環境基金を通じた途上国支援策、また世代間倫理に基づく環境財政の構築といった、責任原理による環境財政の組織化は否定されることになるであろう。[9]

（4）一方両者は、機能論的な財政編成原理の根拠をなす政府の集合財供給機能に関してはその見解を異にする。ハイエクが条件付きながら同機能の正当性を承認するのに対して、自由市場環境主義は環境資源の私有化と資源・環境管理の全面的な市場化を主張する。自由市場環境主義の財政観は、ハイエクの自生的秩序における財政観を、国家財政機能の縮小という方向でより純化・徹底させたものである。その意味では、自由市場環境主義の立場はハイエクよりもむしろノージックの「最小国家」論に近い。

（5）この立場の相違は、財政の編成原理を権利の観点から定式化しようとする際にも現れる。一般に、環境財政を市民的権利としての環境権の実現という観点から基礎づけようとする考え方がある。例えば植田和弘は、「環境制御の財政理論は、環境権を保障する行財政システムとその発展過程を明らかにすることをその課題としている」（植田［1996］p.147）と述べている。彼はまた炭素税に関する論考において、宇沢弘文の「社会的共通資本」概念に言及しつつ、大気などの自然環境を市民の基本的権利に重要なかかわりをもつサービスを生み出すインフラストラクチャーと位置づけ、公共信託の考え方を適用してその社会的管理の必要性を説いている。その場合炭素税は「大気というインフラストラクチャーを安定的に維持管理する税」（植田［1997］p.3）として位置づけられる。ハイエク自生的秩序論の立場からこれらの構想をみた場合、環境権が彼のいわゆる消極的権利・積極的権利のどちらに該当するのかという難しい問題はあるが、少なくとも自然環境をインフラスト

ラクチャーとして社会的に管理することそれ自体を積極的に否定する論拠は存在しないように思われる。しかし他方で、環境権と公共信託論に基づく自然環境の社会的管理というこの環境財政構想は、自由市場環境主義の立場からは全く否定されることになろう。というのは、環境が私的所有権の対象として分割され、したがって環境保護機能が政府のルール施行機能に収斂される自由市場環境主義の構造にあっては、そうした環境財政の存立余地はないからである。ここにおいて財政と権利という2つの概念は、全く相容れない対立したものとして現れる。反国家主義の〈財政―権利〉という対立図式は、ハイエクの自生的秩序論ではなく、自由市場環境主義においてはじめて顕わとなるのである。このことは、いったい何を意味するのであろうか。最後にこの問題について考察しよう。

第4節 〈集権―分権〉図式と自由市場環境主義の反コモンズ主義

　前節でわれわれは、ハイエクの区分する政府の3機能のうち、集合財供給機能に関する評価がハイエクと自由市場環境主義の間で異なることをみた。ハイエクの外部効果や集合財・公共財に対する態度には、次善の策としての肯定・否定の両義的な性格がうかがわれるのに対して、自由市場環境主義はその反国家主義においてより徹底している。この両者の見解の相違が有する意味は、私的所有権や私有化に対する両者の態度を比較検討することによって明らかとなるように思われる。

　言うまでもなくハイエクにとって私的所有権は自生的秩序の不可欠の構成要素である。彼は、自生的秩序が要請する抽象的な法ルールの下で、社会構成員による期待の確実性はいかにして高められうるか、と問題を設定し、次のように述べる。

　「保護される期待の領域を定め、それによって人々の行為の相手の意図への相互干渉を減らす、これまでに発見された唯一の方法は、特定の個人たち

だけが自由にすることを許され他の全ての人はその制御から排除される対象の領域を指定すること（中略）によって、各個人について許される行為の領域をはっきり定めることである。」（『法と立法と自由Ⅰ』p. 139）

　ハイエクによれば、「それぞれの自由な領域の間に明確な境界線を引くことができるならば、その時にのみ、人間は互いに衝突することなくそれぞれの目的達成のために自身の知識を使うことができるという理解」が、全ての文明発展の基礎となっている。各個人の生命・自由および所有地をも含めた「広義の財産」は、諸個人の自由を互いにいかに調和させるかという問題に対して「これまでに人間が見出した唯一の解」である。法・自由および財産は「分離不能なトリオ」である。何故なら「自由に行為してよい領域を各人が確認できるルールを制定することによって自由の領域の境界線を決定しない普遍的な行動ルールという意味での法は存在しえない」からである（『法と立法と自由Ⅰ』p. 140）。

　このように、ハイエクの私的所有論を所有対象との関連で管理という観点からみるならば、それは「境界原理」と「排除による管理」をその内容としていることがわかる。

　しかしハイエクは、上の記述のすぐ後で、こうした境界原理を現実に適用することの困難について言及する。「これらの境界線がどこで最も有効に引かれるのかは、最終解答がまだ確実に出揃っていない難問である。確かに、財産の概念は出来あいのものを天から落としてはくれなかった。」こうした困難が特に生ずるのは、対象が「不動産」の場合である。「特定の使用に起因する便益と害悪の双方が、所有者が関心をもつ領域に限定されるところでのみ、排他的制御の概念が問題に対する十分な答えを提供するであろう。動産から不動産に目を転ずるや否や事情は一変する。『近隣効果』などが適切な『境界線』を引くという問題をはるかに難しくするからである」（『法と立法と自由Ⅰ』pp. 141-142）。

　またハイエクは、この「不動産」が有する「近隣効果」の問題について、政府の集合財供給機能に関する議論の中でも次のように言及している。市場

秩序および「個別的財産制度」の有効性は、財・サービスの生産者が「誰がそれらから利益を得、誰がそれらの費用を支払うか」を決定できるという事実に依拠している。すなわち「一般にある特定の動産の所有は、その使用の有益な、あるいは有害な結果の大部分に対する支配力をその所有者に与える」のである。しかし、

「狭義の商品から土地に目が転じられるや、このことは限られた範囲でしかあてはまらない。ある人が自分自身の土地に対して何かをする場合、その効果をこの特定の土地区画だけに限定することはしばしば不可能である。また、このことから、所有者が自分の財産に対する効果だけを考えなければならない場合に考慮に入れられないような、『近隣効果』というものが生じる。したがって、大気や水の汚染、等々に関する問題も生じてくる。こうした点で、自己の保護された領域に対する効果だけを考慮する個人計算は、特定の動産（所有者だけがその使用の効果を味わう動産）の使用が問題とされる場合に一般に達成される、費用と便益の均等を保証しないだろう。」（『法と立法と自由Ⅲ』p. 67）

周知のように、ハイエクの自生的秩序論は、社会主義計画経済の設計主義批判、そして資本主義諸国における福祉国家体制のもたらす弊害を批判する意図をもって形成された。自由市場環境主義は、このハイエクの自生的秩序の概念と理論を、環境問題の領域にまで拡張することをめざしたものである。しかし、私的所有権制度の「境界原理」と「排他的制御」に関するハイエクの記述からも明らかなように、ハイエク自身は、自生的秩序論の環境問題への拡張にむしろ慎重であったように思われる。ハイエクは、共有財産としての環境の性格、そして環境に「明確な境界線」を引くことの困難性を十分に認識していた。ハイエクは、計画経済と福祉国家批判の理論として彫琢を深めていった自生的秩序論の精緻な理論体系が、環境問題の存在によって脅かされる危険性を感じ取っていたのではないか。環境問題は、自生的秩序論にとってその根幹が問われる課題である。この問題に関するハイエクの理論的模索は、おそらく、『法と立法と自由』の中で彼が地方分権に対して与えて

いる高い評価に表れていると思われる。

　「ある特定の地方あるいは地域の住民の必要だけを満たす多くの集合財の場合、もしサービスの管理だけでなく、課税も、中央当局よりもむしろ地方当局の手に委ねられるならば、いっそうきめ細やかにこの目標に接近できる。（中略）集合財の供給のための調整が十分なものとなるには、その任務を相当程度、地域当局や地方当局に委任することが必要であるように思われる。」（『法と立法と自由Ⅲ』p. 70)

　実際、自由市場環境主義の主張する、集権的資源・環境管理の限界、知識の分散性・局所性とそれを生かした環境保護の秩序形成、官僚的統制のエリート主義と「科学的管理」批判、個別的実験・実践の重視、動学的な模索過程といった諸点は、分権的環境保護のイデオロギーとして多くのみるべきものを有しているといえよう。問題は、自由市場環境主義が分権的アプローチと市場アプローチを同一視している点にある。彼らの主張とは異なり、市場的アプローチは官僚的統制に対する唯一の代替的選択肢ではない。例えば自治体は、汚染制御・自然保護・アメニティ保全という環境保護の諸課題に総合的にアプローチできる「地域」を活動の場としており、「人々に最も近い政府」として、また分権社会における実験の単位として、環境保護へ向けた大きな可能性を有している。また歴史的・伝統的な資源管理の方法として世界各地でみられるコモンズも、非国家的・分権的なアプローチとしての重要な制度の1つである。特に、コモンズにおける資源の持続的利用（sustainable use)やその成員内部の資源アクセスの平等性といった機能は、コモンズの有する優れた特性である。このように、分権的環境保護の主体と場を構成するのは必ずしも利己的個人と市場に限られるわけではなく、コモンズや自治体、地域といったコミュニティ・ベースの環境保護もまた、分権的アプローチの重要な一翼を担い得る。しかも上に列挙した自由市場環境主義の分権的環境保護としての長所の多くは、そのままこれらコミュニティ・アプローチにも当てはまるものである。

　しかし、自由市場環境主義を主張する論者からは、こうした反官僚主義・

反国家主義の多様なアプローチの可能性をうかがうことはできない。その理由は、自由市場環境主義が、ハイエク自生的秩序論が環境問題において直面した困難を、環境の共有財産としての性格を全面的に否定することによって乗り越えようとしているからである。その意味で自由市場環境主義は、徹底した「反コモンズ主義」とよぶべき立場に立っているということができよう。

自由市場環境主義は、環境保護を秩序づける主体としての国家を否定し、そして自然管理の社会的制度としてのコモンズを否定する。それは環境保護をあらゆる公共的領域から追放しようとする試みである。自由市場環境主義の反国家主義に関する問題提起を受け止めつつ、それが反コモンズ運動として有する破壊的な作用にいかに対抗していくか―このことが環境財政論には問われているのである。

第3章 注

（1）以下同書からの引用は全てページ数のみを記する。
（2）スチュワードシップという言葉が、このように効率性の文脈において用いられていることには奇異の念を観ずる。というのは、この言葉は通常、（キリスト教的な）環境倫理の表現として用いられているからである。この点に関しては本書第5章を参照。
（3）ハイエク自生的秩序論の以上の要約は、葛生 [1998] pp. 131-132を参照した。
（4）以下同書からの引用は、三部作の巻数とページ数をもって行う。
（5）その場合、ルール施行機能を果たす政府が組織でないとすればいったい何であるのかという疑問が生ずるが、ハイエクはこの点に関して明確に述べてはいない。
（6）この留保条件としては、先に指摘した次善の策としての集合財供給論の他、若干の課税原則が指摘されている。第1に、課税負担の水準は、支出規模から独立した事前に明確な形で定められているルールによって決定されなければならない。「個々人の負担は、決定された特定の支出規模に関係なく適用できる一般的ルールによって―支出額を決めなくてはならない人た

ちに変更可能な形で与えられているべきルールによって——支配されているべきである」(『法と立法と自由Ⅰ』p. 174)。この原則によって、課税負担の「決定手続きが公共支出額の合理的な制限となる」のである(『法と立法と自由Ⅲ』p. 79)。第2に、社会成員間への負担の配分に関しては、「特定集団に狙いを定めたサービスの場合、課税を通じてその資金を賄うことが正当化されるのは、便益を得る人々に彼らが受け取るものに対する代価を払わすことのできる場合に限られる。同様に、正義は、共同のプールから各集団が受け取るものは各集団が寄与させられるものに大体比例すべきであると、要請する」(『法と立法と自由Ⅱ』p. 16)。これは課税における利益原則の定式化といってよい。

(7) この点に関しては、例えば以下の記述を参照。「偉大な社会は、一致協力した既知の共通目標の追求という真の意味での『連帯責任』を処理すべき何ものももたないし、事実、それと調和しない。もし、われわれ全てが、時に仲間と共通の意図をもつことは善いことであると感じて、共通の目的を目指す集団の一員として行為することができるときに意気揚々とした感じを味わえるとするならば、これは、われわれが部族社会から受け継いできたもので、疑いもなく、小集団の中で突発的な緊急事態に対処するために一致して行為することが重要となるときには依然としてわれわれの役に立つ、一つの本能である」(『法と立法と自由Ⅱ』p. 155、傍点は原文)。

(8) 消極的権利・積極的権利の以上の定式化は、バーネット[1998] pp. 86-87を参照した。

(9) 寺西[1997]は、環境コストの費用負担に関する原理として、「応責原理」という費用負担原理を提唱している。彼によれば、従来財政学の費用負担原理には「応能原理」「応益原理」という2つの基本的な考え方があったが、70年代になると、汚染・公害問題の激化を背景に汚染者負担原則に基づく「応因原理」が登場する。そして現在、各種の環境被害の多様な広がりの中で、「応責原理」とよぶべき新しい費用負担原理が要請されているという。その際、「応責原理」にある「責任」とは何かということがまず問題となるが、私は、ハイエク自生的秩序論における財政編成原理としての価値・責任原理を——ハイエク自身はこの原理に否定的であったが——「応責原理」を理論的に基礎づけるものとして構想できるのではないかと考えている。

(10) 自治体環境政策の可能性については、例えば日本財政学会編［2001］を参照。本論の記述は同書掲載のシンポジウム「地方自治体の環境政策」における寺西俊一のコメント（p.3）を参照している。

第4章　オーストリア学派の外部性概念

はじめに　自由市場環境主義とオーストリア学派

　環境政策論の領域では、近年、二酸化炭素の排出権取引に象徴されるように、環境保護への権利論アプローチに対する関心が高まっている。本章の目的は、環境保護への権利論アプローチを支える重要な環境思想の1つである、自由市場環境主義の理念構造を明らかにするため、この環境思想と密接な関係を有するオーストリア学派の外部性理論について考察することである。

　自由市場環境主義とは、一言で言えば、環境破壊の原因を自然に対する所有権と市場の欠如に求め、自然資源に対する私的所有権の設定とその売買を通じて望ましい資源管理を行おうとする立場のことである。前章では、この環境思想の最も精力的なイデオローグであるT. アンダーソンとD. R. リールの共著をとりあげ、彼らが依拠するハイエクの自生的秩序論を参照しながら、自由市場環境主義の理念構造と政策的含意について予備的な考察を行った。本章は、そこで開示された論点のうち、特に以下の2点について、主に理論的な観点からさらに立ち入った考察を加えることをめざしている。

　第1に、自由市場環境主義の主張する環境保護への権利論アプローチと、課税・課徴金政策に代表される環境保護への財政論アプローチの関連を明らかにすることである。この2つのアプローチは、これまで経済学テキストなどでは、伝統的な指令・統制型規制に代わるいわゆる経済的手段として一括されてきたものである。しかし、徹底した反国家主義・反官僚主義の立場に立つ自由市場環境主義は、環境保護への財政論アプローチをも批判の対象とする。補助金政策はもちろんのこと、従来、市場との親和性を有すると考えられてきた外部性への課税政策までが、指令・統制型規制と同罪の国家によ

る市場への不当な介入とみなされるのである。

　第2に、自由市場環境主義の私的所有に基づく徹底した自然分割論の論拠と妥当性を検討することである。前章の予備的考察において、筆者は、アンダーソンとリールが依拠するハイエクの自生的秩序論を検討する中から、ハイエクが彼らとは異なり、「集合財」(collective goods) に対して私的所有の境界原理を適用することの困難を自覚していたこと、その意味でハイエクは自生的秩序論の環境問題への拡張に慎重であったと考えられることを指摘した。つまり自由市場環境主義とは、ハイエクが越えるのをためらった「一線」を、環境の共有財産＝コモンズとしての性格を全面的に否定することによって乗り越えようとする試みであり、いわば徹底した「反コモンズ主義」の立場に立つ環境思想であるということができる。

　以上の諸点を検討することは、環境政策論、特に自由市場環境主義が直接批判の対象としている環境財政論やコモンズ論にとって、最重要の課題の1つであると思われる。ところで、こうした自由市場環境主義の主張の基礎には、ピグーにはじまる主流派厚生経済学に対してこれまでオーストリア学派が行ってきた批判、およびそこからオーストリア学派が構築してきた独自の社会的厚生理論がある。本章でオーストリア学派の外部性理論を取り上げるのも、そうした理由からに他ならない。そこで以下では、まず第1節でオーストリア学派による主流派厚生経済学の批判と彼らが提示する外部性理論の概略を述べ、次に第2節で彼らのピグー的課税政策に対する批判とその妥当性を検討する。そして第3節では、主としてロナルド・H・コースの社会的費用論に対する彼らの見解を検討することを通じて、オーストリア学派の権利論アプローチとしての性格と展望について考察することにしたい。

第1節　「市場の失敗」から「制度の失敗」へ
　　　　──オーストリア学派の外部性理論

　一般に主流派厚生経済学においては、環境問題の発生するメカニズムとそ

れに対する処方箋が次のように説明される。①自由市場システムが機能するためには、稀少資源に適切な価格が設定されなければならない。しかし、清浄な大気や水のように、ある種の稀少な環境資源には適切な価格が欠如しており、それゆえ環境資源の過剰利用と非合理的な資源配分を招く。これが「市場の失敗」と呼ばれる現象である。②それは理論的には「外部性」の問題として把握される。外部性とは、ある経済主体の活動が市場取引を経由せずに第三者に与える影響のことであり、それがマイナスの影響の場合、外部不経済と呼ばれる。例えば汚染企業が近隣住民に被害を及ぼす場合、その汚染物質や被害の外部費用は企業の経済計算には含まれない。そのため当該財・サービスの産出量は最適水準を超過し、ピグーがいうところの私的限界生産物と社会的限界生産物の乖離が生ずるのである。③これに対する処方箋は、外部不経済に対して限界外部費用に等しい課税を行い、汚染行為を企業の経済計算に反映させることである。この「外部不経済の内部化」によって、市場の失敗は矯正され、パレート最適な均衡水準（いわゆる最適汚染水準）が達成される。

オーストリア学派は、こうした標準的な外部性理論に対して徹底した批判を行っている。まず本節では、彼らによる批判の内容と、彼らが提示する代替的な外部性理論について順次みていくことにする。[3]

（1）新古典派均衡概念の非現実性

オーストリア学派による批判の中心にあるのは、新古典派の厚生基準をなす「完全競争一般均衡」(perfect competitive general equilibrium、PCGE)の概念が有する問題点である。オーストリアンは、PCGEには概念的に欠陥があり、それゆえ現実世界における公共政策の指針としては不適切で使えないものと考えている。その理由は、新古典派経済学の教義では以下の3つの重要な点がしばしば見逃されていることにある。

第1に、市場活動が動学的で不均衡なプロセスとして分析されなければならないことである。新古典派理論の標準的仮定では、選好、機会費用、相対

的稀少性、技術などの市場データが不変とされている。こうした条件下では、PCGEの解もまた安定したものとなる。しかしこれは、政策立案者や市場参加者が現実に直面している世界ではない。現実世界では、時間の経過とともに、知識、費用、選好関数の絶えざる変化がもたらされるのである。例えばラックマンは、この点について次のように述べている。「われわれは時間が経過するものであることを認めるやいなや、知識が変化するものであること、そして知識はその他の何物の関数ともみなし得ないことを認めなければならない。ある社会の知識状態は継起する二時点間で同一ではありえず、時間は需要・供給のシフトなくして経過することはできない。知識の流れが絶えず新しい均衡状態を作り出し、そして企業家は絶えず活用すべき新しい価格-費用の差異を見出そうと努めるのである」(Lachmann [1976] pp. 127-128)。

　新古典派のPCGEは本質的に無時間的な「終局状態」(end-state) である。しかし、市場は本来プロセスであり、しかも決して結末や休止状態に到達することのない「開かれた」(open-ended) プロセスなのである。新古典派の終局状態は現実世界での達成が不可能であるばかりでなく、経験的に同定することすら不可能であり、そうであるならば、いかなる政策も効率を上昇させたとは主張できなくなる。またもし仮にPCGEがある時点で同定されたとしても（それは実際には不可能であるが）、それらは時間の経過とともにすぐに廃れてしまう。したがって、標準的な厚生経済学が提示するPCGEは概念的に意味のない厚生基準であり、現実世界をPCGEに近づけるという政策目標は全く非現実的である (Cordato [1992] pp. 4-6)。

　新古典派が見逃している第2の点は、価値や効用といった概念が厳密に主観的なものであり、それゆえ市場プロセスの外部にいる者にとって観察や測定が不可能なことである。オーストリア学派の方法論の大前提であるこの主観的価値論について、ブキャナンは次のように述べている。「費用とは意思決定者が選択を行うときに、かれが犠牲にし、諦めなければならないものである。それは代替的な行動計画の間の選択の結果として犠牲にしなければならないと予想される満足や効用に対する、かれ自身の価値評価を意味してい

る。……費用は主観的である。すなわちそれば意思決定者の心の中に存在するのであって他のどこにもないのである。……費用は意思決定者以外の誰によっても測定されえない。なぜなら、主観的経験を直接に観察できる方法はないからである」（ブキャナン [1969] pp. 55-56)。

　さらに主観主義は、「社会的費用」という概念の妥当性、そして私的費用（便益）と社会的費用（便益）の乖離という外部性の特徴づけを疑問視する。このことは、外部性が発生する状況下において費用・便益が他者に課されていないということではなく、それらを「社会的」なものとして言及するのは誤っていることを意味している。あらゆる費用と便益は本質的に私的なものである。他の費用・便益と同様、外部性もまた主観的に経験されるのであるから、概念的にも実践的にも、「社会的」費用・便益の測定に到達することはできない（Cordato [1992] pp. 6-7)。

　パレート最適解の達成を目指す正統派的な政策は、まず外部性によって影響される個人の費用・便益を計算し、その結果を社会的費用・便益に集計しなければならない。しかし、主観主義にとってはこれらステップの双方が本質的に実施不可能なのである。

　新古典派厚生経済学が見逃している第3の点は、市場現象に関する知識は、市場参加者と政策立案者の双方にとって常に不完全であるということである。これまでみてきたように、新古典派厚生経済学の標準的な政策とは市場にPCGEの解を課そうとする試みであるが、政策立案者がそれを行うためには、均衡解とは何であるかということに関する知識を獲得しなければならない。ハイエクは、この情報が高度に分散しているものと考える。「経済計算がその出発点とする『与件』は、社会全体について、その含む意味を解明するべき一人の人間の知性に対して『与えられ』るということは決してないのであり、またそのように与えられることは不可能である……合理的経済秩序の問題のもつ独特な性格は、まさに次の事実によって決定される。すなわち我々が利用しなければならない状況についての知識は、集中され、もしくは統合された形で存在することは決してないのであり、むしろすべての個々別々の

個人が持っている不完全で、かつしばしば相互に矛盾する知識の切れ切れの断片としてのみ存在するという事実がそれである」（ハイエク［1949］pp. 107-108）。

　ハイエクの主張の重要な点は、現実の市場プロセスにおいて情報を獲得できる単一の知性は存在しないということである。この分散した知識の利用は、市場プロセスによって初めて可能となるのであり、それは価格システムが不断に送るシグナルによって行われる。外部性問題に関していえば、新古典派の標準的な解決方法が機能するためには、分析者は市場それ自身において実際に発生しつつある市場条件を考慮に入れたより適切な情報を有していなければならないが、もしこのことが可能ならば、現実の市場も、それを構成する交換関係も不要であろう（Cordato［1992］pp. 7-9）。

（2）新たな厚生基準としてのカタラクシー的効率性

　以上の3点、すなわち①時間の問題、②価値の主観性の問題、③知識問題を考慮すれば、新古典派経済学の厚生基準であるPCGEの非現実性・虚構性はいまや明らかである。新古典派は、PCGEの解である「社会的厚生」や「社会的効率性」を基準として規範的判断を行う。外部性が存在する状況とは、当該の財・サービスがPCGEに照らして「過剰生産」ないし「過少生産」されている状況であり、その意味で「最適水準」から乖離していると判断される。ここでは、PCGEが「最適性」（optimality）という規範的概念の根拠となっている。しかし、これまで論じてきたPCGEの欠陥は、われわれが「過剰生産・過少生産」という外部性観を支える理論的枠組の全体を拒否しなければならないことを意味している。新古典派的な厚生経済学に替わる、新しい厚生基準・効率性基準が提示されなければならないのである。オーストリア学派はそうした問題意識から、厚生経済学の再構築に向かう。その出発点となるのが、「カタラクシー」（catallaxy）という概念である。

　カタラクシーとは、ハイエクが彼のいう「自生的秩序」としての市場秩序の性質を表現するために用いた言葉である。ハイエクによれば、この秩序の

性格を正しく理解するためには、通常「経済」(economy) という言葉から示唆される誤った連想から自由になることが重要であるという。エコノミーは「所与の一組の諸手段が統一された計画にしたがって相対的な重要性に応じて競合する諸目的に配分される複雑な諸活動」からなる。したがってエコノミーとは、言葉の厳密な意味では、個人や家計、あるいは企業のような経済主体が、自らの価値尺度に従った目的を達成するためいかに合理的に諸手段を行使するかという問題に関わる概念である。しかし「市場秩序はそのような単一の目的秩序に貢献するのではない」。それは単一のエコノミーではなく「多くの交錯した種々のエコノミーのネットワーク」である。つまり、厳密な意味での「真正のエコノミー」(economy proper) とは、「一つの組織、つまりある単一の主体にとって既知である諸手段の熟慮の上での配列」であるが、市場秩序は「諸目的のそのような単一の尺度によって支配されていないし、また支配されうるものでもない」。それは「別々な構成員全ての別々で公約数をもたない諸目的の多様性に貢献する」ものである。ここからハイエクは、「市場秩序を構成する無数の相互に関係した諸エコノミー」を叙述するため、カタラクシーという特別の用語を採用する。カタラクシーとは「財産と不法行為と契約についての法のルールの範囲内で人々が行為することを通じて、市場によって生み出される特別な種類の自生的秩序」である (ハイエク［1976］p. 151-152)。

　以上がハイエクによるカタラクシーの定式化であるが、彼がいうように市場社会の実相が「エコノミー」ではなく「カタラクシー」として把握されるべきであるとするならば、新古典派厚生経済学の提示する理論的枠組は、全面的に再構成されなければならないであろう。第1に、カタラクシーの下では、新古典派厚生経済学の意味での「社会的厚生」概念の存立する余地はない。社会的厚生を導く社会的費用・便益分析は、市場参加者の目的と決定が、純社会便益の最大化という単一の目的によってランク付けされ、比較されることを意味している。しかしカタラクシーの観点からは、社会的費用・便益というものは存在せず、個別に決定されランク付けされる目標の達成に関連

した、個別の費用・便益が存在するだけである。第2に、エコノミー的な意味での「効率性」概念を、カタラクシー的社会秩序に適用することはできない。一般に「経済的効率性」(economic efficiency) として認識されている「エコノミー的効率性」(the efficiency of economies) は、カタラクシーの内部にある個人と組織単位の手段ー目的枠組の評価に適用されるものである。この概念は、ある所与の目的ヒエラルキーの追求における代替的手段の相対的な適正さの問題に制限されるのであって、カタラクシー内部の経済活動の評価から、カタラクシー全体の評価へと移植することは論理的にできないのである (Cordato [1992] pp. 57-58)。

そこで、社会的厚生を評価するため、オーストリアンがエコノミー的効率性に替わる評価基準として提示するのが、「カタラクシー的効率性」(catallactic efficiency) という基準である。それは例えば、カーズナーの次の言葉によって表現される。「社会システムにとっての効率性とは、それが社会システムの個々の成員に自身のそれぞれの目標を達成することを認めるような効率性を意味する」。つまりあるカタラクシーの効率性は、そのカタラクシーが、社会的文脈において存在する個人が自分自身の目的をできるだけ首尾一貫して追求することを促進する程度によって判断することができる (Cordato [1992] pp. 62)。

(3) 私的所有権制度の重要性と外部性の再定義

このカタラクシー的効率性を高めるためには、エコノミー的効率性とは根本的に異なる政策概念が要求される。後者の政策は、PCGEによって与えられる理念的な市場結果を目標とする。ハイエクによれば、その根底にあるのは「具体的目的に関する共通の尺度なしには合理的な政策はありえないという信念」である。しかし、各経済主体が自分自身の目的を追求するカタラクシーの開かれた環境下では、効率性としてある特定の結果をあらかじめ定めることはできない。またそこでの政策は「特定の結果を達成するための努力によって導かれている必要はないのであって、様々なほとんど未知の特定の

目的を達成する最善の機会を構成員に保証するような性格をもつ、抽象的な全般的秩序の保証に向けられていればよい」のである（ハイエク [1976] p. 159）。

したがって、カタラクシー的効率性をめざす政策の目的は、社会的存在としての個人が最も（エコノミー的な意味で）効率的に自分たちの目標を追求できるような制度的枠組を設定することである。オーストリアンによれば、そうした枠組には、私的所有権の制度が含まれていなければならない。なぜなら、異なる個人が異なる目的を追求しているカタラクシー的社会環境では、資源利用をめぐる衝突、すなわち複数の個人が同じ財産に関して両立不可能な計画を作成することは、計画の成功裡の遂行を著しく妨げる可能性があり、それゆえ効率的な資源利用は、資源利用の衝突が最小化される場合にのみ行われるからである（Cordato [1992] p. 63、p. 67）。そのような資源利用を可能にする制度こそ、排他的な私的所有権制度に他ならない。

カーズナーはこの点について次のように述べている。「市場システムでは、社会の各成員は、非常に広い範囲にわたって自分が適当と考えることを行う自由がある。さらに、このシステムは、個人的な所有権を認める法の枠組の内部で機能する。このことが意味するのは、各個人は各時点で自分自身の目的を追求するために利用可能な手段をとる自由があり、その際の条件は唯一他人の所有権を侵害すべきではないということである」。ここからコルダートは、外部性問題を含む多くの問題を取り扱う上で適切な政策基準として、3つの基準を導き出す。すなわち、①個人が所有権を有するべきである。言い換えれば、財産に対する権原（title）は私的に所有されるべきである。②所有権は、個人が「自分自身の目的を追求するために利用可能な手段を採用する」ことを認める形態をとっていなければならない。③自分自身の目的を追求する際、個人は「他人の所有権を侵害しない」よう義務づけられる（Cordato [1992] p. 66）。

以上の議論は、外部性や市場の失敗という新古典派厚生経済学の基本概念にも再考を迫るものである。まず外部性概念は、資源の競合的利用によって

もたらされる衝突として再定義される。この意味での外部性問題は、さらに2つのケースに区分することができる。第1に、他者による所有権の直接的な侵害である。これは全ての財産権原が明確に定義されているが、その執行に問題があるケースである。第2に、所有権の権原設定（entitlement）そのものが曖昧なケースである。これは既存の制度環境の欠陥であり、所有権が明確に定義されていないことに由来する。いずれにせよ、外部性は、市場経済が機能する上で不可欠な所有権の明確な定義と厳格な執行が行われていないことから発生するのである。

　さらに、このような外部性の定義の下では、「市場の失敗」という考え方も無意味となる。例えばミーゼスは外部費用の発生に関して次のように述べている。「これは生産手段の私有制度に固有ないわゆる欠陥の結果ではない。それどころか、それはこの制度に残っている抜け穴の結果である。与えた損害の責任に関する法律を改正すれば、また私有財産制度の完全な機能を妨げる制度的障壁を撤廃すれば、それを除くことができるであろう」（ミーゼス [1966] p. 665）。このミーゼスの言葉にも示されているように、オーストリアンにとって外部性問題とは、私的所有権制度の欠如や不完全性に代表される「制度の失敗」(institution failure) に基づくものであって、市場システムそれ自身の「失敗」によるものではない。実際、自由市場プロセスに必要な制度的条件が存在していないのであれば、その結果について市場を責めることはできないであろう。また、効率性ないし厚生は、特定の市場結果を変えるのではなく、市場が機能すべき制度環境を変えることによってのみ改善される。かくしてオーストリア学派の外部性理論は、「市場の失敗」概念から「制度の失敗」概念へと、その強調点をシフトさせるのである（Cordato [1992] pp. 87-88、中村 [1994] p. 105)。

第2節　オーストリア学派の課税アプローチ批判

(1) ピグー的課税政策に対するオーストリア学派の批判

　前節では、新古典派の厚生経済学に対するオーストリア学派の批判と、彼らが提示する代替的な外部性理論について概観した。それらの内容を踏まえれば、私的費用と社会的費用の乖離としての外部不経済概念や、価格の欠如による「市場の失敗」といった考え方に基づいて提示されるピグー的課税政策もまた、オーストリア学派の立場からは否定されるべき対象であることは明らかである。より具体的には、オーストリアンによるピグー税批判は、その課税水準の妥当性がもっぱら批判の対象となっている。すなわち、前節で述べた市場プロセスの動学的性質、価値の主観性、知識問題を前提とすれば、絶えず変化する分散した主観的な情報を市場の外部の分析者が取り扱うことは不可能であり、それゆえ規制当局が設定するピグー的課税の課税水準は恣意的なものにならざるを得ないというのが、批判の基本的な主旨である。[4]

　ここで問題となるのは、ピグー的課税を「経済的手段」として特徴づけることの妥当性である。周知のようにピグー的課税政策は、従来環境政策において支配的であった「指令・統制型」アプローチに対して、分権的市場の効率的な資源配分能力を活用する「市場アプローチ」に基づく環境政策として主張されてきた。例えば、課税アプローチを支持する代表的な論者の一人であるW. E. オーツは、汚染課税の意義について次のように説明する。彼によれば、所得税や売上税など主要課税形態のほとんどは、市場に有害な副作用を有している。しかし、ある種の税は、経済を歪めるのではなく、既存の誤った資源配分を矯正することができる。汚染活動への税はそうした「矯正税」(corrective tax) の代表例である。矯正税の主要な機能は経済をより効率的に機能させることであり、それを用いることにより、経済の働きを高めることができる。過剰な環境劣化の原因は、社会の重要な稀少資源に適切な価格が欠如していることであるが、こうした状況下では、ピグーが指摘したよ

うに、政府が介入し被害を及ぼしている排出物に税・課徴金などの「人工的な価格」(an artificial price) を課さなければならない。もしこの税・課徴金が排出物の追加的単位によりもたらされる被害の価値に等しければ、それは汚染物質の排出をコントロールし環境資源の適切な利用を保証する「矯正的インセンティブ」(corrective incentive) として機能することが可能となる (Oates [1988] pp. 253-258)。

しかし、オーストリアンは、ピグー的課税政策を「市場アプローチ」とは認めない。というのは、税・課徴金の「人工的な価格」は、あくまでも規制当局が決定したものであり、市場によって決定される価格とは異なるからである。オドリスコルとリッツォは、この点について次のように論じている。彼らによれば、税と価格が共有する唯一の特徴は「次元性」(dimensionality)である。つまり両者とも貨幣タームで表現されていることであり、そのことがピグー税を市場アプローチと同一視する錯覚をもたらしている。しかし「税は市場プロセスの結果として生じたのではないし、資源所有者たちの配分の諸決定を反映したものでもない。税は価格に影響を及ぼすが、それ自体は、限界において経済的なトレードオフの尺度となる市場価格ではない。……市場が存在しなかったり、財産権が不適切に定められると、経済的な諸問題が生み出される。しかし関連する諸市場が存在しないということはまさに、問題をただすのに必要な情報そのものを獲得する能力がないことを意味している」(オドリスコル・リッツォ [1985] p. 167)。

それでは、ピグー税と並ぶ代表的な課税政策構想である、ボーモル・オーツ税に関してはどうであろうか。ボーモル・オーツ税とは、ピグー税が有する規制当局の情報収集能力に基づく困難を緩和するために構想された政策手段であり、目標とすべき汚染削減水準を純粋に物的な観点から定め、試行錯誤的に税率を上げ下げすることによって、排出量と目標水準とが等しくなるような税率に到達することをめざすものである。先に引用したオドリスコルとリッツォは、この政策構想について明示的には論じていないが、少なくともボーモル・オーツ税における疑似市場プロセスとしての繰り返し課税手続

きに関しては、否定的な見解を有しているように思われる。というのは、彼らは次のように指摘しているからである。「時間を費やす繰り返しの手続きにおいては、そのあいだにデータが変化してしまう。繰り返し試みる課税体系というものは、計算のメカニズムではなく、また市場行動を駆り立てる企業家精神でもない」（オドリスコル・リッツォ［1985］p. 165）。

　ここで彼らの念頭にあるのは、いわゆる経済計算論争の過程である。これはミーゼスが、自由市場と価格メカニズムの欠如する社会主義計画経済では合理的な経済計算は不可能であり、それゆえ資源配分が恣意的にならざるを得ないと主張したことに始まる。社会主義者は当初、ワルラス的一般均衡理論体系の適用による計算価格の導出によって、計画経済の下でも合理的な資源配分は可能であると反論した。これに対してハイエクらは、中央計画機関の情報処理能力には限界があるため、計画経済における合理的資源配分はたとえ理論的には可能であっても、実際には不可能であると指摘した。ランゲら社会主義者がこの批判に対する解決策として提示したのが、市場社会主義モデルと呼ばれているものである。すなわち、中央計画機関はまず任意の価格から出発して、需要量と供給量を観察しながら、均衡価格が見出されるまで価格を上下させる。この試行錯誤のプロセスによって、計画経済は均衡価格体系に到達し、合理的な資源配分が実現されるとした。

　この論争は当時ランゲら社会主義者の勝利として受け止められたが、その後の社会主義国における経済改革の歴史を踏まえて、今日では彼らがあまりにも単純で静態的な市場観に基づいていたことがほぼ明らかとなっている。外部性への課税アプローチにおける上述のピグー税からボーモル・オーツ税への展開は、まさにこの経済計算論争における社会主義者の対応と軌を一にするものである。オドリスコルとリッツォは、この論争過程を踏まえ、外部性への課税アプローチについて次のような評価を下す。「社会主義とは、あらゆる市場において体系的に行使された介入である。……ミクロ・レベルでの個別主義的な介入は、社会主義の縮小版である。……市場介入は諸市場の海のなかに計算のカオスという島を生み出す。このような介入によって市場

の計算手続きが明らかに妨害される場合、介入の利益とコストを『計算する』という言い方は不適切である。（たんに収入を増加させるだけでなく）産出物のレベルに影響を与える課税について考えてみよう。税はしばしば、規制ないし他の手段による介入を代替するものとみなされている。しかし税と規制の二つの代替的選択肢は、むしろもっと類似している」（オドリスコル・リッツォ [1985] pp. 165-167）。

　以上の記述から明らかなように、オーストリア学派は外部性問題への課税アプローチを全面的に否定する。課税アプローチは、経済的手段や市場アプローチに属するものではなく、指令・統制型規制の一変種である。それは決して効率的な資源配分を実現できず、それゆえ「矯正税」として機能することもできない。このようなオーストリア学派の主張を、どのように考えるべきであろうか。

（2）功利主義としてのピグー的課税アプローチ

　この問題を考えるためには、ピグー的課税アプローチと主流派厚生経済学の思想的基盤をなす功利主義（utilitarianism）の問題に立ち返ることが有益であると思われる。一般に功利主義とは、行為の是非を、それがどれほど利益ないし幸福をもたらすかによって判断する道徳理論である。功利主義では、福利の最大化を要求する「功利原理」(the principle of utility) があらゆる実践領域の指針となる。すなわち、ある行為が正しいとされるのは、その行為の影響を受ける全ての人々に、全体として可能な限り最大限の利益ないし幸福（効用）をもたらす場合であり、かつその場合に限られるというのが、功利原理の基本的な考え方である。この判断を導く功利主義の思考は、①社会構成員一人ひとりの個人的善を平等に考慮する公平原則、②個人的善の総計化と最大化による「社会的善」の導出、③行為・制度選択から予測される帰結を社会的善に照らすことにより選択の妥当性を判断する帰結主義、によって特徴づけられる。

　功利主義は近代社会における公共政策の重要な指針として機能してきたも

のであるが、同時にこの理念は、これまで様々な批判にさらされてきた。特に、個人的善の総計化による社会的善の導出という功利主義の方法に関わる問題、またその中でも効用の個人間比較と通約可能性の問題は、常に功利主義を悩ます難題であった。そこで功利主義が、こうした批判に対する自己の擁護論としてしばしば訴えてきたのが、経験主義の考え方である。すなわち、功利主義的考量を行うためには確かに人々の選好や行為・制度選択の社会的帰結について十分な情報を得ることが不可欠であるが、完全な知識が得られなければ功利主義的考量の遂行が不可能になるわけではない。その場合にも、ある程度の強度をもって人々の選好を知り、実践の帰結についておおよその予測・評価を行うことは可能だというのが、経験主義による反論の主旨である。功利主義がその方法論的難点にもかかわらず今日まで生き延びてきた一因は、それが論理的な厳密さよりもこうした経験的な説得力に訴えてきたことにあったと考えられる。

　この功利主義の経験主義的な特性は、おそらくピグー的課税アプローチにも当てはまるものである。ピグー的課税アプローチにおいて、オーストリア学派の批判に対し経験主義的な妥当性を担保するものは、ピグー税の有するインセンティブ機能である。先に引用したオーツの説明にもあるように、ピグー的課税における「人工的な価格」には、①パレート最適としての効率性を反映する汚染物質の「価格」という側面と、②汚染物質を削減するための「矯正的インセンティブ」としての側面がある。オーストリア学派によるピグー税批判は、このうち①の側面に関しては説得力ある批判を行ってきた。しかし、仮に①が否定されても、それが直ちに②の否定を意味するわけではない。実際、課税政策はこれまで多くの場合、必ずしもピグー理論に基づく課税水準の理論値にこだわらず、個別の環境問題に対してプラグマティックに適用されてきた。ピグー税に対する批判として絶えず繰り返されてきた理論と現実政策の首尾一貫性の欠如は、確かにその弱みではあるが、同時に功利主義としての課税アプローチの強みであるとも言えるのである。したがって、オーストリア学派がピグー的課税の有効性に対する批判をさらに推し進

めるためには、それがインセンティブ機能を十分に発揮できないことを明らかにする必要があるが、彼らはそれに成功していない。

　オーストリア学派は、ピグー的課税アプローチと新古典派厚生経済学に対して、時間の問題、価値の主観性の問題、知識問題の重要性を指摘した。それは確かにオーストリア学派の大きな功績である。しかしこれらの指摘が、単なる情報の不完全性の問題に収斂されるならば、ピグー的課税アプローチに対する十分な批判とはなり得ないであろう。その意味で、これまで検討してきたオーストリア学派の批判は、理論ないし方法論のレベルでは正しいが、政策論のレベルでは妥当性を欠いているように私には思われる。

　そこで重要となるのが、オーストリア学派の権利論アプローチとしての側面である。オーストリア学派によるピグー的課税アプローチへの批判が政策論として意味を持つためには、批判の対象がピグー税の課税水準の恣意性ではなく、その基盤にある功利主義に向けられなければならないように思われる。そこで次節では、オーストリア学派の権利論アプローチとしての内容を検討する。

第3節　オーストリア学派のコース社会的費用論批判

　第1節で述べたように、オーストリア学派による新古典派厚生経済学批判と代替的外部性理論の提示は、「市場の失敗」から「制度の失敗」へのシフトとして総括されるものであるが、この転換において要の役割を果たすのが、制度としての私的所有権であった。オーストリア学派が「制度の失敗」というとき、その「制度」は常に私的所有権のことを指している。したがってオーストリア学派の権利論アプローチの考察は、私的所有権に対する彼らの考え方を対象に行われなければならない。

　その際に問題となるのが、従来経済学における代表的な権利論アプローチとみなされてきたコース社会的費用論との関連である。これについてオーストリアンのコルダートは、両者には多くの類似点があるものの、そこには

「根本的な不一致」が存在すると主張している (Cordato [1992] p. 92)。そこで本節では、まずはじめに、主としてコルダートによるコース批判の検討を通じてオーストリアン所有権論の特徴を明らかにし、ついでその意義と限界について若干の論点を指摘することにしたい。

(1) 功利主義から権利へ―オーストリア学派によるコース批判

　外部性問題に関するコースの基本的見解は、彼の有名な論文「社会的費用の問題」(1960年) において展開されている。伝統的なピグー的外部性理論においては、外部性問題が私的費用と社会的費用の分岐の問題として解釈され、損害賠償・課税・差止めなどを通じた外部不経済の内部化が望ましい政策として要請される。しかしコースは、こうしたピグー的アプローチが公共政策の実施において最適でない結果を招く可能性があると論ずる。というのは、公共政策の目標は社会的な生産物の価値を最大化することであり、それは有害な影響を全て内部化することを意味することもあるし、またしないこともあるからである。

　ピグーに対するコースの代替的アプローチは、次の2つのケースに分かれる。第1に、取引費用がゼロのケースである。これは当事者間の自主的交渉が妨げられないケースであり、そこでは事前的な権利配置 (the arrangement of rights) や責任の賦存状態に関わりなく、彼らが生産する生産物の総価値が最大化される結果まで交渉が行われるであろう。このプロセスが「コースの定理」と呼ばれるものである。第2のケースは取引費用が存在する場合である。こうした状況下では当事者間の自主的交渉が妨げられるため、裁判が権利の法的な境界策定を行うことになるが、その際裁判所は「判決の経済的帰結についての知識をもつべき」(コース [1988] p. 136) である。すなわち裁判所は、市場価格に基づき、どのような権利配置が純社会的生産物を最大化するかの考慮に基づいて判決を下さなければならない。その際所有権は、もし必要ならば、この最大化ルールに従って再配分される。コースはこの点について、機関車の火の粉によって火災が発生し農作物が被害を受けるという

事例を引きながら、次のように述べている。「論ずべきは、鉄道会社が原因で発生する火災で損害を被る人々を鉄道会社に補償させる制度を選ぶのが望ましいのか、それとも、そうした責任を免除する制度を選ぶのが望ましいのか、である。代替的な社会制度を比較する際、経済学者が用いるべき適切な手続きは、それぞれの制度のもとで生みだされる社会的総生産物を比較秤量することである。」それゆえ問題とすべきは、社会的総生産物を最大化するという見地から「より大きな損害のほうを避けること」であって、「私的生産物と社会的生産物との比較などでは断じてない」(コース [1988] p. 112、p. 158)。

以上がコースによる社会的費用論の概略であるが、これに対するコルダートの批判は、次の3点にまとめることができよう。

第1に、コースが社会的生産物の最大化という政策目標を達成する上で、競争均衡価格としての市場価格という、新古典派的な概念に依拠していることである。このことによってコースは、時間の経過、主観的価値、知識という問題を全て捨象してしまっている。コースの分析は、比較静学の世界ではなく試行錯誤のプロセスが支配する開かれた世界において行われる公共政策の諸問題を、全てその分析枠組から除外している。しかし、均衡価格が欠如している現実世界においては、コース型の解を達成しようとする裁判官は、必要な情報を獲得する上で著しい困難に直面することとなろう。ピグー的政策立案者の想定に対して行われたのと同様の批判が、コース型の裁判官に対しても当てはまるのである[7] (Cordato [1992] pp. 95-99)。

第2に、社会的生産物の最大化というコースの政策目標から導かれる、不法行為 (tort) における責任概念の問題である。コースの理論的枠組において、裁判官は、「コースの定理」に示される効率的資源配分を達成することが期待されている。効率性に自覚的な裁判官による社会規範の実現というこの想定は、いわゆる「法と経済学」の分野において、費用便益分析に基づく「過失責任」(negligence) の理論として発展を遂げてきた。コースは「結局、問題の所在はすべて、有害な影響を除去することで得られるはずの利得を、

その継続を容認することで得られるはずの利得と、比較秤量することにある」(コース [1988] p. 147) と述べているが、これは過失責任を認定するための判断枠組として定式化されている「ハンドの公式」(Hand formula) の考え方に他ならない。すなわち、事件によって引き起こされた損失が被告がそれを防ぐためにとる予防措置の負担を上回る場合に初めて過失という責任が発生し、被告は過失の責を負うものとされる。[8]

　しかしコルダートは、不法行為におけるこうしたコース的な過失責任の適用を否定する。コースによる鉄道と農民の例に即していえば、裁判官がこの論争を解決する際に問うべきなのは、農民と鉄道のどちらが社会的価値の産出により貢献したかということではなくて、被害の発生した土地を誰が所有しているかということである。もしその土地を農民が所有しているならば、農民は自分の目的ヒエラルキーと一致するやり方で自己の財産を十分に利用することを認められるべきである。他方、それが鉄道会社の所有する土地であるならば、望むままにそれを焼く鉄道会社の権利が認められなければならない。いずれにせよ判決は、財産に対する権原を有するものを支持すべきである。

　以上の議論は、不法行為においてオーストリアンが「厳格責任」(strict liability) ないし無過失責任の考え方を支持していることを意味する。これは、汚染の原因者が費用を負担すべきであるという、ピグー的外部性理論におけるいわゆる汚染者負担原則 (Polluter Pays Principle) と同一ではない。というのは、汚染者負担原則における原因者の「責任」は、あくまで社会全体の効率的資源配分の達成という「効率性」の観点から規定されているからである。カタラクシーにおける財産利用の衝突としての外部性問題にとって、効率性は問題解決のための適切な指針ではない。裁判官の判決における意思決定を導くべきルールは、過失責任ではなく、厳格責任であるというのがオーストリアンの見解である (Cordato [1992] p. 100, p. 105)。

　第3に、以上の点から、コースが自己の理論的枠組の中に所有権の問題を適切に位置づけていないことが明らかとなる。ピグー理論が所有権の問題を

全く考慮しない、その意味で「無制度的」(institutionless) なものであったのに対して、所有権の重要性を提起したのはコースの功績である。しかし、社会的生産物の最大化を政策目標とするコースの議論においては、中心的な問いは常に、社会的生産物の最大化という観点から誰が権利を有するべきかということであり、誰が実際に権利を所有しているかということではない。つまりコース的分析では、所有権は「変数」として取り扱われているのである。コース流の過失責任の観点からすると、事件の検討は所有権に関しては「空白の石版」(a blank slate) として行われる。そこでは、不法行為の時点における権利と所有の問題は完全に不可知論的なものとして捉えられており、また因果関係 (causation) の問題も重要視されていない。しかし、外部性問題へのオーストリア学派のアプローチにおいては、所有権を変数とみなすコース的分析とは逆に、明確に線引きされた財産権原が「与件」でなければならないのである (Cordato [1992] pp. 99-101)。

　以上がコルダートによるコース理論の批判の要点であるが、この批判をどのように評価すべきであろうか。私は、彼による批判のうち、第1点の均衡価格と情報の問題に関しては、前節で述べたのと同じ理由から、少なくとも政策論の観点からは、コース理論に対する批判として決定打になり得ないと考える。しかし、第2、第3の論点は、コース理論に対する（そしてピグー的課税理論に対しても）かなり有効な批判たり得ていると考える。それは、これらの批判が、コースそしてピグーのアプローチの根底にある功利主義思想に向けられているからである。実際、もしコースの論ずるように権利のあり方が社会全体にとっての善という観点から再配置されるべきものならば、権利を制度的に保証する意味がなくなってしまう。その意味で、ピグー理論が「無制度的」であるというオーストリアンの批判は、そのままコース理論にも当てはまる。また一般に、功利主義における社会的善は本来個人的善の総計化・最大化によって得られるものであるが、個人的善の集積過程を理想的観察者の行為として実体化することは、個人主義的な公平原則を空虚にし、個々人の善よりも社会それ自体のもつ価値に優先的な地位を与えたり、個人

の選択に先立って社会的善が想定され、それに基づいて個人的善が制約される可能性が生ずる（平野[1993] p.285）。こうした功利主義のもつ危険性は、ピグーやコースの理論における政策立案者・裁判官の判断と、社会を構成する個人の利害感覚ないし権利意識との乖離となって現れる可能性がある。オーストリアンの主張する主観価値論は、均衡水準・課税水準の恣意性という問題にとどまらず、利害や権利に関する政策立案者と社会構成員の主観的価値判断の乖離の問題として把握される必要があると思われる。さらに功利主義においては、政策目標としての「社会的善」の実現に関心が集中しているため、一般に社会成員の責任に対する問題意識が希薄である。この点はコース理論においては、不法行為に際しての厳格責任の軽視となって現れている。一方、ピグー課税理論に関しては、このアプローチが主張する汚染者負担原則が、新古典派的な文脈の中では一般に権利論的基礎づけを全く欠いていることが問題となろう。[9]

　これらの論点は、功利主義にとってかなり本質的な批判であると私は考える。オーストリアンによるコース批判の内容を一言で総括するならば、それは、コースは権利論アプローチを徹底させていない、ということであろう。コースはピグー的枠組に欠けていた所有権概念を自己の分析枠組の中に明示的に取り入れたが、同時にコースにあっては、社会的生産物の最大化という功利主義的な発想がいまだ理論および政策論の中心に存在しており、ピグーが陥っていた功利主義的誤りを払拭し得ていないのである。

（2）オーストリア学派所有権アプローチの問題点

　しかし一方で、オーストリア学派が提示する、徹底した私的所有権に基礎を置く代替的な制度構想にも問題がある。その難点として、少なくとも以下の2つの問題領域を指摘することができよう。

　第1に、オーストリアンの「制度の失敗」概念に関わる問題領域である。これまでの記述から明らかなように、オーストリア学派にとっては、論理的にも現実的にも、所有権が市場に先行すると考えられている。市場が設定さ

れるためには、承認された所有権の制度がなければならず、あらゆる自生的秩序やカタラクシーの議論は、私的所有権と取引の権利を前提している。だからこそオーストリアンにとっては、「制度の失敗」が市場の失敗よりも根源的な問題であると認識されるわけである。これは、オーストリア学派の理論的枠組においては、所有権制度が自生的秩序に属する社会秩序ではないことを意味している。すなわち、私的所有権の制度が存在すればそこから市場が生成されるが、逆に市場から自生的プロセスを経て私的所有権が生み出されるわけではない。この所有と市場の因果関係から、所有権設定者としての国家の正当化の是非や、外部性問題の発生に対する国家責任の有無、「制度の失敗」と「政府の失敗」との概念的区別[10]など、国家（政府）に関する幾つかの重要な問題が発生するのであるが、中でも重要と思われるのが、私的所有権制度における「最初の権原設定」(the original entitlements) の問題である。

　第1節で述べたように、オーストリア学派にとって外部性問題は、資源の競合的利用によりもたらされる衝突として定義されるものであるが、権原の起源が特に問題となるのは、そのうちの第2のケースである。すなわち、所有権が明確に定義されておりその厳格な執行だけが問題となる第1のケースとは異なり、所有権の権原設定そのものが曖昧な第2のケースにおいては、そもそも誰にどのような基準で所有権を配分するかということが大きな問題となるのである。

　この問題に関してオーストリアンは、基本的に、所有権の定義は倫理的な問題であって、経済分析の範囲を超えるという不可知論的な立場をとっている。例えばオドリスコルとリッツォは次のように述べている。「経済学的な推論が政策分析に使用できるようになるには、その前に、正と悪、権益の正当性、それから民間部門と政府部門の役割といった、基本的な諸問題が解決されていなければならない」（オドリスコル・リッツォ［1985］p. 139)。しかし、外部性を資源の競合的利用による衝突と定義しておきながら、その競合性を処理する原理を自らのうちに持たない理論は、規範的厚生理論としてやはり

不十分なものと見做さざるを得ない。所有権の不明確性に起因する外部性問題の第2のケースが現実においてしばしばみられることから考えても、この最初の権原設定理論の欠落は、オーストリア学派の理論構成にとってかなり深刻な問題をはらんでいると思われる。

　第2の問題領域は、私的所有権とその所有対象である自然との関係である。オーストリア学派の外部性理論における論理構造をみると、自然に対する私的所有権の設定は、主にカタラクシー的社会秩序の形成・維持とカタラクシー的効率性の向上という観点から要請されていることがわかる。つまり、社会における各個人が作成・実施する計画の両立可能性という観点から私的所有が要請されているのであって、所有対象としての自然の特性から導かれているのではない。望ましい自然管理のために求められる所有のあり方を自然そのものの特性から導出するという作業は、オーストリア学派の外部性理論には全く欠落しているのである。

　このことはさしあたり、オーストリア学派の自然観の問題となって現れる。オーストリア学派外部性理論からわれわれがイメージするのは、世界の本質規定を「延長」（extensio）と捉えるデカルト的な自然観である。そこでは、自然は私的所有と交換の対象として適合すべく、分割可能な「物体」となる。自然における「重さや色や、そのほか物体的物質において感覚されるその他すべての質は、その物体の全体を保持しつつこの物質から取り除くことができる」ものとして把握され、その結果自然は「いかようにも分割され、形造られ、運動させられうるもの」となり、しかも「これらすべての変化を通じて維持されるもの」となる。(11) かくして自然は、市場秩序の絶えず変化する時間と不確実性の中に投げ込まれるのである。

　しかしわれわれは、このような自然観に大きな違和感を抱かざるを得ない。これはオーストリアンの抱く所有権概念が、人間と自然の関係、そして自然をめぐる人間と人間の関係を捉える上で、何か重大な欠陥を有していることを示している。

　一般に、権利という概念がある特定の空間・時間概念の上に形成されるも

のであるとするならば、以上の問題点は、オーストリアンの抱く空間・時間概念の特質から発生しているものと考えられよう。これまでみてきたように、オーストリアンは、新古典派の静学的な時間概念に対して、動学的な、変化をその本質とする時間概念を対置する。それは、市場という空間において経験される時間としては、確かにより現実を反映した時間概念である。しかしオーストリアンは、この空間と時間を、人間と人間、人間と自然を取り結ぶ関係の全てに拡張しようとする。オーストリア学派の自然観に対してわれわれが抱く違和感は、このように、自然を市場空間において理念化される時間スケールに押し込めようとすることから生じているのである。以上のことは、オーストリアンが論ずる「静止か変化か」という単純な二分法を越えた、より重層的な時間概念とそれに対応する空間概念を提示することの必要性を示唆しているように思われる。(12)

おわりに　オーストリア学派による環境財政の解体

　本章でわれわれは、自由市場環境主義と環境財政論の対立が有する性格について考察するため、主にピグー的外部性理論に対するオーストリア学派の批判を検討してきた。われわれが主に注目したのは、功利主義と権利という、両者の外部性理論および環境政策論が依拠する原理の相違である。両者の対立をこうした観点から捉えたとき、オーストリア学派による課税アプローチ批判の中で重要な点は、功利主義的な社会観に依拠するピグー的課税理論が、総じて権利論的な基礎づけを欠いており、それはピグー理論の枠組における無制度性、政策立案者・社会構成員の主観性の乖離、責任概念の欠如として現れているという指摘であった。オーストリア学派によるこの批判はかなり強力であって、もはや環境財政論は、素朴なピグー的課税理論によって自らを基礎づけることはできないように私には思われる。言い換えれば、環境財政論には、オーストリア学派の批判を踏まえた新しい権利と責任の概念を提示することが求められているといえよう。

図 4 − 1　自由市場環境主義による国家財政解体のプロセス

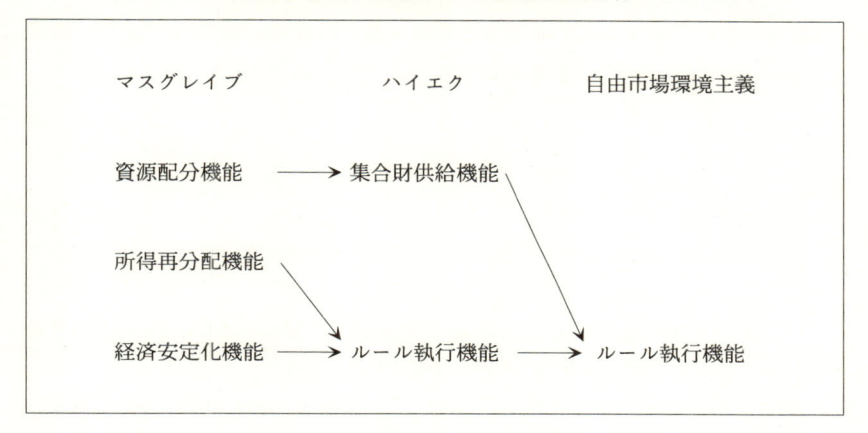

```
マスグレイブ           ハイエク            自由市場環境主義

資源配分機能  ──→  集合財供給機能  ─────┐
                                         │
所得再分配機能 ──┐                       ↓
                 ↓
経済安定化機能 ──→ ルール執行機能 ──→ ルール執行機能
```

　オーストリア学派の外部性理論によって、「国家財政」という概念は完全に解体されるに至った。図 4 − 1 は、自由市場環境主義による財政解体のプロセスを図式化したものである。通常、国家の財政機能は、マスグレイブにならって資源配分機能、所得再分配機能、経済安定化機能の 3 つに整理されるが、前章でみたように、ハイエクの自生的秩序論はこのうち所得再分配機能・経済安定化機能の 2 つを「ルール執行機能」へと集約させる。さらに自由市場環境主義は、ハイエクにおいては「集合財供給機能」という形でその存在が認められていた資源配分機能をも完全に否定し、ルール執行機能に組み込む。資源の競合的利用に由来する外部性概念、制度の失敗としての外部性問題、明確な私的所有権制度に基づくカタラクシー的効率性の実現といったオーストリア学派の外部性理論は、国家財政存立の最後の根拠であった環境問題を徹底した権利論アプローチによって処理し、もって国家財政を最終的に解体するための理論装置であるということができよう。
　このように、自由市場環境主義は、エコロジー的近代化理論の効率性アプローチに基づく「環境効率性」の概念を、さらに「カタラクシー的効率性」の概念へと発展させることによって、自らの反国家主義・反コモンズ主義の立場を貫こうとする。それはまた、単なる効率性アプローチから権利論アプ

ローチへの重心の移動を伴うものである。

次章では、こうした自由市場環境主義による環境保全構想の特質を、環境と福祉を含むより包括的な社会構想の中で考察することにする。

第4章 注

（1）ちなみに、オーストリアンのコルダートは、ハイエクの外部性問題に対するこのような評価が、彼自身の分析概念と首尾一貫していないと批判している (Cordato [1992] pp. 23-27)。

（2）外部性問題には、正の外部性（外部経済）の問題と負の外部性（外部不経済）の問題があるが、本章では後者を取り扱う。

（3）Cordato [1992] はオーストリアンの立場から外部性問題について最も包括的に論じたものであり、本章の議論もこれに大きく依拠している。外部性問題へのオーストリア学派のアプローチを簡明に紹介した邦語文献としては、中村 [1994] を参照。カタラクシー理論の論理構成とそれが経済政策思想に与える影響については、中村 [1992] を参照。また、オーストリア学派の一般的動向を知る上では、ヴォーン [1994] が非常に有益である。

（4）例えばブキャナンは次のように述べている。「まず、課されるべき補正的租税の大きさの決定を考えよう。この大きさは、意思決定者以外の人びとが意思決定の結果として被る外部費用に等しくなるべきである。これらの費用は結果として生ずる自分自身の効用損失を価値評価できる人びとによって経験される。つまり、かれらは今被っている外部不経済が無いならばそう『あったかもしれない』状態をおそらく思索するだろう。しかしながら、補正的課税の大きさを推定するためには、これらの外部費用に何らかの客観的測定が施されなければならない。しかし分析者はもっともらしい推定が行なえる測定基準を何ももっていない。これらの『費用』を負担する人びと——すなわち外部的に影響を受ける人びと——はその『費用』を生じさせる選択行為に関与していないから、回避されるかもしれない効用損失をかれらがどう価値づけているかを、たとえ間接的にせよ決めたとしても、そこにはまったく何の意味もないのである」（ブキャナン [1969] p.91)。

（5）功利主義の内容とその経験主義としての特質に関しては、平野 [1993] を

参照した。
（6）外部費用の計測を通じてピグー税の理論を現実に直接適用しようとした例としては、イギリスの埋立税やスイスの航空騒音税などが指摘されているが（Wallart [1999] pp. 54-55)、これらはむしろ極めて例外的なケースといえよう。
（7）同様の観点からコースを批判したものとしては、Littlechild [1978]を参照。
（8）より正確には、ハンドの公式は次のように定式化される。Pを損失が発生する確率（損失の蓋然性）、Lを損失の価値（損失の重大性）、Bを損失の回避費用としたとき、PL＞Bにも関わらず回避措置をとらなかった場合、過失の存在が認定される。
（9）周知のように、日本におけるPPPは、戦後高度成長期の深刻な公害問題の現実の中で、単なる最適汚染水準達成のための手段として機能主義的に捉える新古典派的理解ではなく、企業の加害責任を厳しく追及する原則として理解・適用されてきた。宮本憲一は、この日本独自のPPP論について次のように評価している。「汚染者負担原則を市場メカニズムの利用というせまい枠の中だけの経済理論にとどめず、公害対策の正義と公平との原則とし、その対象も最適汚染水準までの公害防除にとどめず、全環境対策の領域にまで拡大して考えるという日本的思考は、公害問題の現実からいって正しかったといえる」（宮本 [1989] pp. 215-216)。その他、いわゆる四大公害裁判における企業の無過失責任の確立など、日本の公害問題における被害者の人権を重視した理論と実践は、オーストリア学派の権利論アプローチと意外な類似点がある。
（10）中村秀一は、「政府の失敗」概念とは「そもそも社会的限界費用と社会的限界便益との不一致によって判断される、政府介入の効果に対する新古典派的公正基準による評価」であるから、「制度の失敗」概念とは異なると述べている（中村 [1994] p. 105)。しかし、市場の失敗、政府の失敗、制度の失敗という一連の類概念を、外部性問題発生の「原因」ではなく「責任」の問題に関わるものとして捉えるならば、ことはそう簡単ではない。例えば、オーストリアンの中でもリバタリアニズム的傾向の強いロスバードは、この問題に関して次のように述べている。「個人的財産権の自由社会に反対してしばしば提示される困難の1つは、それが『外部不経済』な

いし『外部費用』の問題を無視しているというものである。しかし『外部不経済』の事例は全て、個人的財産権を適切に執行すべき執行機関たる政府の失敗の例であることがわかる。それゆえ『責め』を負うべきは私有財産の制度ではなくて、様々な巧妙な侵害形態に対してこの財産権を執行すべき政府の失敗、いうならば、自由社会を維持する上での失敗なのである」(Rothbard [1962] p. 156)。ここでロスバードが、中村のいう「制度の失敗」を政府の失敗と同一視していることは明らかである。

(11) デカルトの自然観に関する以上の特徴づけは、ハイデガー[1927] pp.202-207を参照した。

(12) 時間概念をいかに捉えるかは、社会科学にとって重要な問題の1つである。例えばアナール派の歴史学者ブローデルは、歴史の時間を地理的な時間、社会的な時間、個人の時間の三層に分解する歴史学の方法を提示した（ブローデル[1966] p.23)。また宮本憲一は、環境問題を考える際の時間の視点の重要性を指摘し、「変化の期間が長い環境を改造するためには短期的な利潤目的をもってうごいている私企業の原理は妥当しない」と述べている。さらに宮本は、「時間の概念の必要な環境問題は体制の論理をいれざるをえない」ことから、「素材と体制とをつなぐ中間概念のひとつ」として時間概念を位置づけようとしている（宮本[1989] pp. 103-104)。外部性理論は今後、こうした重層的な時間概念を自らの論理構成の中に取り込んでいく必要があると思われる。

第5章　所有権社会における私有化と環境保全

はじめに　自由市場環境主義と所有権社会

　これまで2章にわたって自由市場環境主義の論理構造について分析してきたが、自由市場環境主義が大きな影響力を有するアメリカでは、この間ブッシュ政権が「所有権社会」(ownership society) という新しい社会のビジョンと政策構想を提示してきた。所有権社会の形成とは、「私有化」(privatization) による社会政策と福祉国家の抜本的再編であり、年金やメディケアなど社会保障の私有化をはじめとして、住宅、教育などの社会政策分野における私有化と市場原理の徹底をその内容とする。

　私的所有の理念は、1980年代以降、先進工業国とくに英米における新自由主義的な改革過程、福祉国家再編と社会政策改革の過程において、中心的な理念として位置づけられてきた。サッチャー改革が標榜した「財産所有民主主義」(property-owing democracy) ないし「民衆資本主義」(popular capitalism) の社会理念、およびブッシュの所有権社会は、近年の先進国における新自由主義的・所有論的な社会改革構想を代表するものである。とくに両政権による「社会政策私有化」(social policy privatization) に関わる一連の私有化政策は、新自由主義の下で福祉国家がどのように変容するのか、また「もともと市場機構によっては解決しえないはずの領域だった社会政策のなかに市場の論理をどこまで持ち込むことができるかを知るための素材」(武川 [1990] p. 152) となっている。

　一方、現在までのところ、少なくとも公式的には、ブッシュ大統領自身が所有権社会構想の一環として環境政策に言及したことはない。しかし、自由市場環境主義が、こうしたブッシュ政権の所有権社会の構想と極めて親和的

であることはいうまでもない。したがって、自由市場環境主義を、より包括的な社会構想である所有権社会の一部として考察することは、この環境主義の性格を理解し、社会政策と同様環境保全の中に「市場の論理をどこまで持ち込むことができるか」を考察する上でも有益であると思われる。

そこで本章では、所有権社会構想の分析とそれが自由市場環境主義に対して有する含意について考察する。以下、まず第1節では、マクファーソンの「所有個人主義」に関する一連の論考を手がかりに、「私有化」には「個人化」と「市場化」という2つの側面があることを指摘する。次に第2節では、この私有化の2つの側面が、所有権社会の理念像と現実の政治過程にどのような矛盾となって現れているかを考察する。そして第3節では、その矛盾が、自由市場環境主義においてどのような問題点を引き起こしているかを考察する。以上を通じて、自由市場環境主義の理論的構造とその問題点をより明確に把握することをめざしたいと思う。

第1節 所有個人主義と「私有化」の2つの側面

所有権社会の理論構造を検討する際の出発点として有益であると思われるのは、私的所有に基礎をおく近代自由社会のありようを批判的に考察してきたC. B. マクファーソンの著作である。彼は、17世紀以来の西欧社会にみられる個人主義的原理に基づく近代社会の理念を「所有個人主義」(possessive individualism) と規定し、その内容を次のように要約している（マクファーソン [1973] p. 328)。

①個人として人間は、自分自身の潜在的諸力の絶対的で自然的な所有者として理解される。そして人間はそれら潜在的諸力のために社会になにも負ってはいない。人間の本質は満足を求めて自らの潜在的諸力を行使する自由にある。この自由は、効用についての一定の原理、ないしは他の人々に害を与えることを禁じている功利主義的な自然法によってのみ制限される。それゆえに自由は、人々にたいする支配ではなく、事物にたいする支配に

第5章 所有権社会における私有化と環境保全

限定され、しかもそれと同一視されるにいたる。事物にたいする支配の最も明白な形態は、所有権（ownership）ないし所有（possession）についての関係である。それゆえに自由は所有を意味する。

② 社会は、相互の権利や義務によって互いに結合している人々ならびに諸階級の間の支配と従属の諸関係の制度として理解されるのではなく（これまで社会はこう理解されてきたのだが）、自らの所有物をつうじて互いに関係し合う、つまり自分自身の潜在的諸力の所有者（owner）、ならびに自らの潜在的諸力の行使によって自らが生みだしかつ蓄積してきたものの所有者として関係し合う、自由で平等な多数の諸個人からなるものとして理解される。交換関係（市場関係）は社会の根本的な関係として理解される。

③ 政治社会は、潜在的諸力をも含めた財産保護のための合理的な装置として理解される。

このように、マクファーソンによれば、所有個人主義という概念規定に基づく近代社会の本質は、自らの身体および能力の所有についてはなんら社会に負うものはなく、他者との関係から独立して自己が存在するという個人理解、そしてその下で、他者とのあらゆる社会関係が、私的所有に基づく市場関係に基づいて編成されるという社会理解にある。ここから彼は、所有個人主義の問題点を、「人間の多様かつ豊かな自己理解を、市場における財の所有・交換者としての自己理解へと圧縮すること」（大川 [1997] p. 186）に求め、他者との没交渉的に立てられる自己理解が、別様の自己理解を封じることの問題点を批判したのであった。本章では、マクファーソンの所有個人主義に対するこうした倫理的・イデオロギー的批判には立ち入らないが、いずれにせよ、所有個人主義は、所有権社会を含めた新自由主義の理想社会の中核にある社会編成原理ということができよう。

ところで、いま新自由主義が目指す私有化による社会改造のプロセスが、マクファーソンが提示したような「所有個人主義」の実現にあるとするならば、この「私有化」プロセスは、さらに2つの段階に分解することができるように思われる。それは「個人化」と「市場化」である。「個人化」（individualization)とは、上述の所有個人主義に関する規定の①に当るもので、所有対象が個人の私的な所有物となり、それを通じて個人が自己の「潜在的諸力」を発揮するに至るプロセスである。これに対して「市場化」(marketalization)とは、そのように「個人化」された人間が市場関係を取り結ぶプロセスであり、マクファーソンの規定では②に当るのがこれである。所有個人主義には、社会関係として市場関係以外の関係は存在しないから、「市場化」のプロセスは、あらゆる人間の社会関係を、市場関係へと転換し還元するプロセスでもある。

　従来「私有化」の有するこの2つの側面は、新自由主義的な社会再編の推進勢力からも、またその批判勢力からも、必ずしも明確に区別されてこなかったように思われる。しかし、以下にみるようにこの両者は必ずしもその社会的論理を同じくするものではなく、「個人化」段階における社会と、「市場化」段階における社会という2つの独立した社会モデルを想定することは十分に可能であると考えられる。マクファーソンも、上述の規定においては「個人化」と「市場化」を所有個人主義という1つの社会モデルが有する2つの特徴として捉えているが、別の著作における記述では、両者を異なる社会モデルとして明確に区別しているのである。ここではそれらの社会モデルを、マクファーソンにならって、それぞれ「単純市場社会」および「所有市場社会」と呼ぶことにする。

　すなわち彼によれば、「単純市場社会」(simple market society)とは、「財貨とサービスの生産と分配が市場によって規制されるが、労働そのものは市場商品でないところの社会」として定義される。単純市場社会は、彼の提示するもう1つの社会モデルである「慣習的・身分的社会」(customary or status society)との対比において、(a)仕事の権威的な割当は存在しない、(b)仕事に対する報酬の権威的な規定は存在しない、(c)契約の権威的な決定と強制が存在する、(d)個人は合理的に自己の効用を最大化する、(e)全ての個人は自己の労働によって生計を営めるような、土地や他の資源を持っている、といった諸公準を有する。単純市場社会では、諸個人は自己自身のエ

ネルギーや技能の支配力（control）を保有しており、交換は生産物間にのみ存在する。これに対して「所有市場社会」（possessive market society）とは、市場で自分たちの生産物だけを交換する「独立した生産者たち」からなる単純市場社会との対比において、「生産物と同様に労働にも市場が存在する社会」を意味する。所有市場社会の「単一の基準」は、「人間の労働が一個の商品であるということ、すなわち、人間のエネルギーや技能は彼自身のものであっても、彼の人格の不可欠の部分とみなされるのではなくて、所有物として、その使用と処分は彼がある価格で他人たちに自由に手渡すことができるものとみなされるということ」である。所有市場のモデルは、単純市場モデルの先述の公準(a)～(d)に、さらに(e)各個人の労働能力は彼自身の所有であって譲渡しうる、(f)土地と資源は個人によって所有され、そして譲渡しうる、(g)諸個人のなかには自分がもっている以上に高い水準の効用ないし力を欲するものがいる、(h)諸個人のなかには他人たちより以上のエネルギー、技能、あるいは所有物をもつものがいる、という4つの公準を付加することによって構成される（マクファーソン［1962］pp. 62-66）。

マクファーソンはこのように、財・サービス、土地その他資源、労働力という3つの対象の商品化の程度によって、慣習的・身分的社会、単純市場社会、所有市場社会という3つの社会モデルを区別する（表5－1を参照）。ただしこのうち、単純市場社会における土地その他資源の扱いには、やや微妙な点がある。というのは、マクファーソンも指摘するように、生産物の単純市場は、「土地についての固定した譲渡不可能な権利が存在する場合にすらも機能しうる」（マクファーソン［1962］pp. 70-72）からである。彼によれば、

表5－1　商品化と社会モデル

	慣習的・身分的社会	単純市場社会	所有市場社会
生産物	×	○	○
土地その他資源	×	△	○
労働力	×	×	○

出所：筆者作成。

所有市場社会における公準(e)のうち、土地その他資源の個人による所有は単純市場社会においても不可欠の条件であるが、その商品化と譲渡可能性は、(単純市場社会とは両立はするかも知れないが) その必要条件ではない。一方、土地その他資源の商品化は、労働力の商品化とともに所有市場社会成立の不可欠の条件をなす。それゆえ、両社会モデルの基本性格を、次のように定式化することができよう。単純市場社会における中心的社会原理は、土地その他資源の「個人的所有」(individual ownership) に基づく「自己コントロール可能性」(self-controllability) である。これに対して、所有市場社会では、生産物と生産要素の完全な商品化に基づく「譲渡可能性」(alienability) がその中心的社会原理となる。「私有化」の構成要素のうち「個人化」を単純市場社会に、「市場化」を所有市場社会に対応する社会形成プロセスと規定しうる所以である。

第2節　所有権社会の政治過程とその矛盾

　以上前節では、所有個人主義に関するマクファーソンの一連の論考を手がかりに、所有権社会の編成原理である「私有化」には、「個人化」と「市場化」という2つの側面があることをみてきた。それは通常、彼の所有個人主義に関する前節の包括的規定にみられるように、1つの社会モデルが有する2つの側面として認識されているわけであるが、しかし本当に、これら2つの編成原理は矛盾なく共存しうるのであろうか。この点について考察するために、本節では、所有権社会の理念像および英米の「社会政策私有化」において、これらの編成原理がどのように現れているかを検討したい。

(1) 所有権社会の理念像―責任・自由・繁栄
　まず所有権社会の理念構造についてであるが、1980年代以降の新自由主義による私有化の政治過程における大きな特徴の一つは、私有化の理念と政策を形成する上で、ケイトー研究所 (Cato Institute) やヘリテージ財団 (the

Heritage Foundation) のような保守系シンクタンクが大きな役割を果たしてきたことである。とくにケイトー研究所は、ブッシュ政権による所有権社会構想の中心的イデオローグとして、同構想のキャンペーンと政策提言を活発に行ってきている。例えば、ケイトー研究所副所長のディヴィッド・ボアズは、その小論「所有権社会を定義する」において、「所有権社会の価値は責任、自由、繁栄である」と述べ、その内容を以下のように展開している。[1]

①責任（responsibility）：個人は自分の所有物を共有物よりも大事にする。持家所有者は、借家人よりも自己の住宅を大事にする。なぜなら持家所有者は、住宅価値の上昇から利益を得、その劣化から損害を受けるからである。このように私的所有は、責任ある所有者を作り出す。さらに、資産所有者である市民は、自己に対して威厳、誇り、満足を感じ、自己の財産だけでなく、自分の属するコミュニティと社会に対しても、より強い利害関係（stake）を有するようになる。広範な資産所有は、責任ある所有者だけでなく、責任ある市民を形成するのである。

②自由（liberty）：財産は自立・独立の必要条件である。個人は所有者となることによって政府の「施し物」への依存から自由になり、自分自身の人生と運命をコントロールすることが可能となる。さらに私的財産所有は、権力を拡散させる便益がある。政府が全財産を所有している場合、個人は政治家の気まぐれから身を守るすべをほとんど持たないが、私有財産の制度は多くの個人に自分自身の場所、他人や国家による略奪からの安全な場所を与える。私有財産はプライバシーや報道の自由にとっても本質的である。

③繁栄（prosperity）：所有は市場を可能にし、市場は財産を可能にする。財産によって形成されるインセンティブは人々に価値を創造するよう促すが、それはまさに所有が彼らの作り出した価値の一部を自ら獲得させるからである。さらに米国では今日、歴史上で最も広範な財産所有がみられ、ますます多くのアメリカ人が資本家（capitalist）となり、株式やミューチュアル・ファンドを通じた生産的ビジネスの出資者となっている。アメリカ人

家計の約半数が何らかの形で株式所有者に分類され、株式市場の活況から大きな利益を得ている。このように、所有権社会は成長と繁栄をもたらす。

ボアズはこのように、責任・自由・繁栄の3つの価値を、所有権社会の理念像を構成する価値として提示する。しかし、前節の考察に従えば、ここには「自己コントロール可能性」を社会編成原理とする「個人化」（＝単純市場社会）と、「譲渡可能性」を社会編成原理とする「市場化」（＝所有市場社会）の異質な2つの社会論理が、「私的所有」の名の下に接合されていることは明らかである。すなわち、上記3つの価値のうち、「個人化」の意味における私的所有によって実現されるのは「責任」と「自由」である。ここでは、主として人格的・倫理的要因から私的所有が正当化される。これに対して「市場化」の意味における私的所有によって実現される価値は「繁栄」である。そこでは、私的所有の正当化される根拠が、効率性や最適資源配分、経済成長、個人的資産の増大といった主として経済的要因に求められるのが特徴といえる。

（2）英米における社会政策私有化

次に、英米の「社会政策私有化」の政治過程を概観すると、そこでは「個人化」の論理と「市場化」の論理が、もっぱら異なる政策領域に割り振られていることがわかる。

まず、「個人化」の論理と社会イメージを最も体現しているのは住宅私有化である。元来イギリスは先進資本主義国の中でも公営住宅のストックが非常に多く、住宅供給の社会化が最も進んだ国の一つであった。これに対してサッチャーは、1979年の総選挙において、国民が持家という財産を所有することによって民主主義が確立するという「財産所有民主主義」をスローガンに掲げ、住宅部門の改革に取り組んだ。イギリスが有する西欧でも最大規模の公営住宅のプールを私有化し、広範な持家所有者層を形成することをめざしたのである。サッチャー政府は「1980年住宅法」において、それまで地方当局の裁量下にあった払い下げの権限を奪い、一定の要件を満たした公営住

宅居住者に対して、自己の居住する住宅を割引価格で購入できる「購入権」(right to buy) を保証した。この法律により、1980年代を通じて約150万戸の公営住宅が払い下げられることになる。一方、ブッシュは住宅政策を所有権社会の重要分野の1つとして位置づけ、とくにマイノリティをターゲットとして、「10年以内にマイノリティの住宅所有者を550万世帯まで増大させる」という公式目標を掲げた。住宅所有推進の具体的措置としては、例えば毎年4万世帯のモーゲージ頭金支払いを支援する「アメリカン・ドリーム頭金法」(American Dream Downpayment Act) が挙げられる (Beland [2005a] pp. 27-28)。

以上が英米両国の住宅私有化政策の概要であるが、注目すべきは、サッチャーやブッシュの住宅私有化に関する発言が、責任ある所有者、責任ある市民、自由、自立・独立、自恃といった主として「個人化」のキーワードから構成されていることである。例えばサッチャーは、公営住宅居住者を「地方政府によって借家状態につなぎとめられた人々」であると述べ、また1984年には、「購入権」政策を政権の最重要の成果として位置づけ、次のように述べている。「財産所有がより広範に拡大したことは、この政権の哲学にとって中心的なことである。それが中心的であるのは、財産が広範に所有され、自由が栄えるからである。……1979年に政権をとってから、170万人が自分の家を所有するようになり、170万人の人々が、自分自身の土地の主人となったのだ。この増加は、われわれが誇るべき成果の1つである」(Beland [2005a] pp. 17-18)。ブッシュも同様に、持家所有を個人の自立と社会参加の重要な源泉として論じている。「何百万もの個人と家族にとって、アメリカン・ドリームは家を持つことから始まる。家族が自分の家に入ったとき、彼らは独立と自信を獲得し、未来に対する信念が育つ。所有と機会の拡大が、わが国の市民に、アメリカの未来に対する生きた利害と、わが国の偉大な約束を実現するチャンスを与えるのだ」(Beland [2005a] p. 27)。ここでは、アメリカの政治的・文化的文脈を反映して、「アメリカン・ドリーム」への言及がみられるのが特徴的である。

一方、「市場化」の論理と社会イメージが顕著なのは年金私有化である。

表5－2　福祉国家構造の2つのモデル

特　徴	社会保険福祉国家	資本投資福祉国家
典　型	社会保障、メディケア	租税支出 医療貯蓄勘定、個人保障勘定
目　的	人生のリスクに対して労働者とその扶養家族を保険にかけること	貯蓄と投資を推進すること
受給者	労働者	投資家
給付の基準	労働の経歴	投資のパフォーマンス
階層化のパターン	より裕福でない者に傾斜した給付：再分配的	より裕福な者に傾斜した給付：非再分配的

出所：Quadagno [1999] p. 5.

　英米における年金私有化は、Quadagno [1999] のいう「資本投資福祉国家」(capital investment welfare state) を代表するものである。資本投資福祉国家は、年金制度の株式市場への接合と、株式市場の配当に依拠した年金給付という、1990年代以降に世界的潮流となった考え方に基づいている。表5－2には、従来型の福祉国家と資本投資福祉国家との相違がまとめられている。この表に明らかなように、資本投資福祉国家は、従来型の「市場の失敗の集合的リスクの分かち合いと社会的連帯の推進という原則によって組織された、社会保険プログラムからなる福祉国家概念からの明らかなシフト」(Quadagno [1999] p.5) を示すものであり、また、年金制度を株式市場への投資を軸に再編しようとする点において、極めて成長志向的な性格を有するものである。

　実際、サッチャー・ブッシュ両政権による年金改革に関する言説には、経済成長と繁栄の価値が強く打ち出されている。サッチャーの年金改革は、公的・私的年金の並存する二階建て年金制度において、公的年金の役割を縮小し、私的年金の役割を拡大しようとするものである。具体的には、公的年金のうち「国家収入関連年金制度」(State Earnings Related Pension Scheme、SERPS) と呼ばれる所得比例部分を廃止し、それを私的年金で代替することがめざされた。その論拠として、公的年金は貯蓄率の低下、投資活動の阻害、労働者の労働意欲の減退、事業主の過大な社会保険料負担による雇用創出の

阻害、私的年金規制と年金権移動の困難による労働市場の流動化の阻害など、様々な形で市場メカニズムを歪曲すると主張される。これに対して年金私有化は、国民の「過保護国家」(nanny state)からの自立を促し、個人主義と自助に基づく自由を実現するとともに、私的年金の個人的運用を通じて、誰もが労働者であると同時に資本家でもあるという「民衆資本主義」が実現するとされるのである[5] (Beland [2005a] pp. 20-22)。

　ブッシュ政権による年金改革は、アメリカの企業年金において1980年代に広く普及した確定拠出型(define-contribution)年金の公的年金への適用を主内容とする。[6]すなわち、現行の確定給付型(define-benefit)で賦課方式の年金制度から、確定拠出型の「個人勘定」への移行であり、加入者は、賃金税(payroll tax)の一部を自己の「個人勘定」に積み立て、株式市場で運用もできるようにする。個人勘定の利点として①株や投信で運用すればより高い利回りが見込めるので、賦課方式での年金の減額を穴埋めできる、②巨額の年金資金の流入で株式市場が成長する、③個人が自らの責任で年金を管理できる、などの点が主張される(2004年12月8日付『日本経済新聞』)。ブッシュは、こうした年金改革を、国民全体の経済的拡張の源泉として描いている。「個人貯蓄勘定は、社会保障を政府の借用証書から個人資産へと転換する。労働者が自分自身の名義で所有し、子孫へ受け継ぐことのできる資産へ。所有、独立、富へのアクセスは少数者の特権であってはならない。それは全てのアメリカ人の希望であり、われわれはそれを社会保障の基盤にしなければならない」。また彼は次のように述べている。「政府は、あなた方のお金の良好な収益率を得る上で、お粗末な仕事をしている。実際計算すると、社会保障制度の下で自分の金で稼げるのはおよそ1.8%である。これはよい取引とはとても言えない。おわかりのように、もしあなた方が個人的な貯蓄勘定を持っていれば、1.8%よりも多くのことが行える。債権と株式の控え目な組み合わせでさえ、7％～8％を得ることができるのである」(Beland [2005a] pp. 32-33)。このように、ブッシュは基金運営における「大きな政府」の非効率性を批判するとともに、私有化を個人的利得の源泉としてアピールす

るのである。[7]

(3) 私的所有の脱商品化機能とリスク私有化

　以上、所有権社会の理念像と社会政策私有化のプロセスには、「個人化」と「市場化」の両者の論理が混在していることが明らかである。「市場化」が商品交換および財の譲渡可能性の上に成立する以上、「個人化」が「市場化」の前提条件をなすものであることは確かである。しかし先にもみたように「個人化」の主要な理念は、財の譲渡可能性の付与による商品交換の実現ではなく、「個人的所有」の実現による「自己コントロール可能性」の実現にある。その意味では「個人化」は、あらゆる対象を商品化し、あらゆる人間関係を市場関係に還元する「市場化」を必然的に伴うものではない。ところが「個人化」にそれと必ずしもベクトルの一致しない「市場化」を接合することによって、「個人化」の拠って立つ理念が崩れてくる。それが最も顕著に現れるのは、安定性とリスクに関する問題である。

　社会政策私有化の政治過程の中で特徴的なのは、サッチャーやブッシュが、「個人化」としての私的所有を、労働者とその家族の安定性の源泉として描いていることである。そうした言説は、住宅私有化の分野に最も典型的に現れている。第1に、住宅所有は、職の不安と包括的な社会的保護を欠く社会の中で、経済的安全を提供する最も信頼できる源泉であるとされる。例えばブッシュは次のように述べている。「今日、人々は職とキャリアを頻繁に変えており、労働力が変化してきた。……そして変化の時には、所有がわれわれの隣人に安定をもたらし、われわれの家族に安全をもたらすことを私は理解している。変化の時代には、何かを所有していることが助けになる。……家賃のかわりにモーゲージを支払うことによって、お金を自分自身の退職プランにつぎ込むことによって、自分の家族のために富を蓄えることができるのだ」(Beland [2005a] p. 28)。第2に、住宅所有は相続の対象となることによって、所有権社会における「世代間倫理」を実現する。この点についてサッチャーは、購入権政策を実施しないと、何百万もの市民が「最後の日に何

も示すものがないまま、残りの人生に家賃を払うという展望に直面することになる。そして子供や孫に受け渡すものが何もないということになる」と警告する。さらに彼女によれば、「住宅はほとんどの人にとって最大の資産である。……しかし住宅はそれ以上のものである。それは安全と、未来に対する利害関心 (a stake in the future) のシンボルである。住宅を所有する人々は、彼ら自身のためだけでなく、自分の子供たちのためにもそうするのである。彼らは責任ある社会の一員としてそうするのだ。過去からの遺産を誇り、それをケアすることを喜び、次世代に資本の一部を出発点として与えることを望むのである。私は個人的責任を信じるがゆえに住宅所有を信じるのであり、われわれの行動によって未来を形成できると信じている」(Beland [2005a] p. 17-18)。そして第3に、個人的所有は、権力に対する防波堤として個人を国家の恣意から保護する。

　ここで参考になると思われるのが、「福祉国家レジーム」に関するエスピン-アンデルセンの理論である。周知のようにエスピン-アンデルセンは、福祉国家における社会権の本質を、市場原理に対する個人や労働者の「脱商品化」という観点から捉えようとした。労働力が商品化される市場経済において、人々は病気や景気のような、彼らのコントロールの及ばないミクロ・マクロレベルの力に翻弄される。また人々は労働力商品として、市場における競争を強いられる。「脱商品化」は、こうした不安定性に絶えずさらされている「個々人の福祉や安全が、許容可能なレベルにまで達するための条件」である（エスピン-アンデルセン [1990] p. 41）。上述の住宅私有化に関するサッチャーやブッシュの発言は、所有権社会が「個人化」としての私的所有とその「自己コントロール可能性」によって、個人の福祉や安全を実現しようとすることを示している。したがって、いささか逆説的ではあるが、これを私的所有の有する「脱商品化機能」と呼ぶことができるであろう。

　ところが、私的所有のもう一つの側面である「市場化」には、個人の安定性を絶えず掘り崩す作用がある。それは、「リスクの私有化」(risk privatization) 機能である。先に論じた年金改革についていえば、本来年金システ

図5-1 所有権社会における脱商品化と再商品化

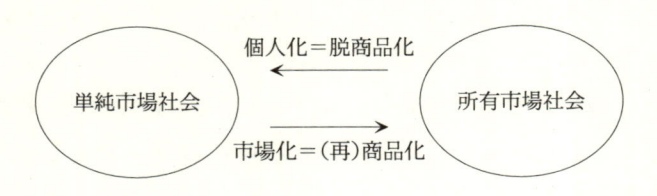

```
                個人化＝脱商品化
              ←─────────────
  単純市場社会                    所有市場社会
              ─────────────→
                市場化＝(再)商品化
```

出所：筆者作成。

ムとは、個人の担い得ないリスクを社会全体でシェアすること、すなわち「リスクの社会化」（risk socialization）により成立するものであった。これに対して、英米とくにアメリカの年金私有化政策は、確定拠出型原理の導入と年金システムの株式市場への接合により、そのリスク構造を大きく変化させた。その結果、年金受給者は以下のような新しいリスクに直面することとなったのである。第1に、株式価値の長期低落であり、それは世代全体の退職給付を低下させる。第2に、株式市場は短期間で急激に上下し得るため、同額を貯蓄する者がその投資パフォーマンスで給付が大きく異なる可能性がある。第3に、人々は人生における様々な予期せぬ危機の発生に対処することができず、退職時のための貯蓄を使い果たすことを強いられる可能性がある（Quadagno [1999] pp.6-7）。このように、「個人化」としての私的所有が有する「脱商品化機能」は、「市場化」としての私的所有が有する「リスク私有化機能」によって、不断に動揺せざるを得ないのである。[8]

このように、所有権社会は、その編成原理の中に「個人化＝脱商品化」と「市場化＝（再）商品化」という正反対のベクトルを抱え込んでいる（図5-1）。そこに、社会政策私有化に現れたこの体制の基本的な矛盾があるといえよう。

第3節　所有権社会における環境保全の問題点

(1)「個人化」としての環境保全—コモン・ローとスチュワード精神

　それでは、これまでみてきた所有権社会における「個人化」と「市場化」の矛盾は、環境保全の分野においてはどのように現れているのであろうか。自由市場環境主義をかかげる論者の言説には、先の社会政策私有化の分野と同様、「個人化」と「市場化」の両者の論理が混在しており、その各々を区別し抽出する必要がある。

　本章の第1節で述べたように、ケイトー研究所の提示する「責任・自由・繁栄」という所有権社会の3つの価値のうち、「個人化」としての価値に属するのは責任と自由であった。そこで環境保全の分野におけるこれら価値の対応物を考えるならば、まず「個人化」の「自由」の価値に対応する自由市場環境主義の特徴は、そのコモン・ロー的性格である。コモン・ローの有する私的所有の境界原理と慣習法原理は、国家の規制介入に依拠しない秩序形成を標榜する自由市場環境主義にとって環境保全の不可欠の構成要素であり、同主義の擁護者によってしばしば言及される。例えば、Burnett [2006] はコモン・ローの歴史を概括し次のように論じている。アメリカ人はイギリスの法的伝統に依拠して、自分自身、自分の財産、自分の財産を取り囲む環境を保護する上で、コモン・ローの「侵害」(trespass)、「不法行為」(tort)、「沿岸法」(riparian law) といった概念を伝統的に用いてきた。コモン・ローの下では財産権に対する無過失の侵害でさえ罰せられ、裁判所により、損害物の賠償と有害な活動に対する差止命令の双方が行われた。自己の財産の享受に対する侵害は、その行動の正当な社会的価値や妥当性、効用に関わりなく、回復の請求原因を作り出すものとされたのである。ところが、個人の権利の守護者としてのコモン・ローは、「進歩の時代」(Progressive Era) に著しく弱体化した。進歩主義と保全主義 (Conservationism) は、合理的に計画された産業発展と全国的に調整された天然資源利用に立脚していた。資源

は最大多数の最大善のために用いられ、「一般福祉」(general welfare) の追求によって権利の尊重が侵害される場合には、権利が無視された。経済成長と雇用の増進を追求する中で、企業は汚染を許され、個人の生活と財産が害され、しばしば環境も犠牲となった。こうした環境問題は、その発生以来長年にわたり天然資源の連邦管理と実定法優位の環境法によって取り扱われてきたが、現在、ブッシュ政権の提唱する所有権社会の下で、所有がどこまで環境を改善できるかを再び探求する時が到来した（Burnett [2006] pp.1-3）。

ここには、「個人化」としての「私有化」が有する自己コントロール可能性と自由重視の価値観が如実に現れており、コモン・ローに基づく環境保全が、「個人化」の論理に立脚したものであることを示している。その「自由」の源泉をなす価値観は、コモン・ローの反功利主義的・反成長主義的な性格である。上の記述に明らかなように、コモン・ローは、功利主義・成長主義と個人の権利ないし「個人的所有」を対立的に捉える。コモン・ローの歴史的変遷は、そうしたオーストリア学派の反功利主義との親和性を示すと同時に、反功利主義が脱成長の思想をも内包したものであることを示唆するものである。

しかしその一方で、自由市場環境主義のコモン・ロー的環境保全に対しては、多くの批判もなされている。例えばThompson [1996] は、「コモン・ロー的責任制度」(common law liability system) に内在する欠陥として、以下の6点を挙げている。第1に、コモン・ロー制度には、汚染の被害者が提訴する上でのディスインセンティブを生み出す「アクセス・バイアス」(access bias) や「プロセス・バイアス」(process bias) が存在する。例えば、汚染の拡散的性格による訴訟の複雑さや集団訴訟の困難性、また原告以外の被害者による訴訟結果への「ただ乗り」問題は、そうしたバイアスの典型である。第2に、環境訴訟における因果関係や違法行為の立証の困難のために、原告には多額の経済的負担が要求される。この取引費用の高さは、原告がコモン・ロー訴訟を行う上での大きな障害になる。第3に、汚染権の官僚的配分の問題である。自由市場環境主義は、僚的統制の非効率性や特定利害に影響される

意思決定の弊害を指摘する一方で、汚染権の官僚制度による初期配分に関しては、そうした弊害が生じる危険性をしばしば看過している。第4に、コモン・ロー訴訟の「抑止的価値」(deterrence value) が限られていることである。コモン・ロー訴訟制度はなされた違法行為の事後的な補償を提供するシステムであって、本来その意味では予防的性格を有するものではないが、訴訟の成功は汚染防止のインセンティブ効果をある程度有している。しかし、そうした抑止的価値は、以下の要因によって弱められる。①汚染者の破産などにより完全補償が不可能となるのが稀ではないこと、②先述のアクセス・バイアスやプロセス・バイアスのような原告に不利に作用するバイアスが存在すること、③経営上の意思決定およびそれによる汚染の発生と、被害の発生およびその結果としての訴訟の間に長いタイムラグがあり、その結果多くの意思決定者の選択がその影響から隔離されてしまうこと。第5に、コモン・ローの下では、環境は「代理人の権利」(proxy rights) と個人の利害によってのみ代表される。そのため、環境上の損害は、個人や集団がその資源に対する法的権利を有している場合にのみ問題とされる。自由市場環境主義者は、自然に対する所有権が全て明確に定められているシステムを構想するが、自然に対する所有権設定の困難さのために、多くの権利が未定義のままであることは避け難い。またコモン・ロー訴訟において勝利した原告が受け取る補償はあくまで個人的な補償であって、それが自然の回復に用いられる保証はない。さらに、自然の「固有価値」(intrinsic value) が利己的個人の選好やインセンティブ、また彼らが置かれている状況に依拠していることは、深刻な倫理的懸念を引き起こす。第6に、コモン・ロー制度におけるゼネラリストの裁判官は、因果関係や違法行為、損害の問題を決定する上で不可欠な、技術的・専門的な証拠を評価するための訓練と専門知識を欠いている (Thompson [1996] pp. 1356-1363)。

　以上の批判において指摘されているコモン・ロー的環境保全の問題点は、①訴訟の取引費用問題、②所有権の初期配分問題、③環境保全の代理人問題の3つの問題に集約することができる。これらの問題のうち、①の取引費用

問題は経済学者によってもしばしば指摘される問題点であるが、コモン・ロー的環境保全に対する決定的な批判とはなり得ていないように私には思われる。例えば日本の公害裁判の歴史においては、いわゆる疫学的因果関係論や無過失責任主義のように、被害者たる原告の立場を考慮した法理論や法実践が発展を遂げてきた。このことからも明らかなように、コモン・ロー的権利概念を活かしながらその高い取引費用の弊害を緩和することは可能であると考えられるからである。

　しかし、上記②と③の問題は、コモン・ロー的環境保全の批判としてかなり的を射ており、重要な論点を含んでいると私は考える。うち②の初期配分問題は、前章でも論じたのでここでは触れないが、③の代理人問題は、コモン・ロー的環境保全が、「自由」とともに「責任」の価値をも実現する「個人化」に基づく環境保全として、何らかの責任倫理によって補完されなければならないことを示している。その「責任」に当る価値として挙げられるのは「スチュワード精神」(stewardship) である。スチュワード精神は、自由市場環境主義の責任倫理ないし環境保全のパトスとして、その論者がしばしば指摘する思想である。ここでは、同思想に関するパスモア [1974] の研究に従い、その内容を確認しておきたい。

　パスモアによれば、スチュワード精神とは、「世界の世話をまかされた神の代理人として実質的な責任を有する『スチュワード』、つまり農園管理者として人間をみる伝統」と、「自然を完成させるためにこれに協力する者として人間をみる伝統」という2つの伝統からなる（パスモア [1974] pp. 48-49）。スチュワード精神は、少数派の伝統ではあるが西欧文明とくにキリスト教に根深いルーツをもつ一つの見解であり、東洋宗教にはない「自然に対する積極的な配慮」という理念を有している。すなわち、土地を「開発する」とはその「潜在的可能性を現実化すること、それ自体の当為を明るみに出すこと」であり、「自然に対する人間の義務とはその潜在的可能性を生かしてこれを完成すること」である[9]。こうした努力を通じて、「一層実り豊かな自然を子孫に譲り渡していく責任」が人間にはある。これは次のような理念、すなわ

ち「人間は改良の連鎖の一部を形成すること、人間は次代に対する責任を有すること、つまりかれの愛する対象物を保存・発展させようとする企図の中から出てくる責任を有する、という理念」と結びついている（パスモア [1974] pp. 55-57、p. 323）。以上から明らかなように、スチュワード精神においては次世代に対する責任が強調されており、それゆえこの思想は、一種の「世代間倫理」のうちに「自然に対する積極的な配慮」を実現する環境保護思想と総括することができる。

（2）環境保全の「市場化」――自己所有権と割引率

　以上が環境保全の「個人化」の概要である。環境保全とは自然をめぐる人間関係の改善であるという観点からするならば、環境保全の「個人化」とは、自然をめぐる同時点の人間関係をコモン・ローによって、また自然をめぐる世代間の人間関係をスチュワード精神という世代間倫理によって処理するものであるということができる。ところが、環境保全の「市場化」は、何よりもまず環境保全の世代間関係に、スチュワード精神とは異なる論理を持ち込むのである。それは一言で言えば「割引」（discounting）の論理である。

　多くの環境問題は時間選好の側面を有している。例えば、森林をいま伐採するか保全するかの意思決定は、森林所有者が短期・長期いずれの純便益に焦点を当てるかにかなりの程度依存する。資源管理の意思決定を行う際、資源所有者は、将来の期待費用・便益を割引き、現在価値に還元して、現在の開発から得られる利用価値と直接比較する。もし割引期待将来価値が現在の利用価値より大きければ資源は保全され、そうでなければ現在において利用・消費される。現在価値と期待将来価値の比較は、将来価値の見積りと所有者・管理者の主観的割引率という2つの変数にもっぱら依存している。低い割引率は長期的投資ないし保全に有利であり、高い割引率は現在の利用・消費に有利となる傾向がある。

　一般に、環境保全への政府介入は、私的資源所有者の割引率は社会的割引率よりも大きいという理解に根拠をおいている。しかし、自由市場環境主義

者は、私的資源所有者は公的資源所有者よりも低い割引率と長い時間的視野を有することが想定できると反論する。この点について、例えばStroup and Goodman [1992] は次のように論じている。現行の市場価格は、資産から発生すると期待される全ての将来収益フローの現在割引価値を反映している。ある資産の現在価値の中へ将来価値を資本化する (capitalize) 能力は、財産所有者に彼らの資産利用決定の長期的含意を考慮させる。それは所有者が、自己の資産収益の消費を後回しにする効果を十分に考慮する強力なインセンティブを作り出す。さらにそれは、財産所有者が将来の利用者に対して責任を持つことをも意味する。資産から生ずる将来便益を減少させたり、将来費用を増加させるいかなる活動も、その資産の現在価値の減少をもたらすからである。このように、「潜在的買い手」は、時を越えて資産価値を最大化するため、所有者と相互作用する。この論理は、個人の資源所有者だけでなく、共有者や企業所有者にも当てはまるが、公的資源所有者には当てはまらない。というのは、彼らは管理決定を市場の外で行い、市場価格が提供する情報の便益を受けないからである (Stroup and Goodman [1992] pp. 431-432)。現在の利用か保全かという意思決定を市場価格の評価なしに行う公的資源所有者とは異なり、私的所有者は、価格が資産価値を正確に測定できる市場の内部で機能する。ここから自由市場環境主義者は、公的所有された資源の私有化が、環境財のより長期的な管理を推進すると結論づけるのである。

　しかし、私的所有者が公的所有者よりも長い時間的視野を有するという自由市場環境主義の主張に対しては、現実に私的所有と市場が低い割引率と長期的視野を保証しない事例が多く存在すること、自由市場環境主義者が市場価格には考慮すべき価値が全て組み込まれていると単純に想定していることなどの問題点が指摘されている (Cole [2002] pp. 96-99)。またClark [1973] は、捕鯨を対象とする分析から、割引率が個体数の最大再生産能力を十分に上回り、かつ最後に残った動物たちを捕獲することから直接的な利益が得られる場合には、個々の資源所有者にとってさえ全個体数の絶滅が最も魅力的な政策となる可能性があることを指摘している (Clark [1973] p. 951)。これらの

第5章 所有権社会における私有化と環境保全 135

批判にみられる自由市場環境主義の割引率に対するあまりに素朴で楽観的な想定とともに、さらに問題なのは、自由市場環境主義が自然所有者の意思決定に割引率という市場の論理を持ち込むこと自体の是非である。先に論じたように、環境保全の「個人化」は、保全の責任倫理を「スチュワード精神」に求めている。それは未来世代に対する配慮であり、一種の世代間倫理を表現するものであるが、パスモアはそれを「愛の連鎖論」と呼び、次のように述べる。「ベンサム的計算によって合理的と認められる以上に大きな犠牲をかれらが未来のために払うのは、＜愛する人＞としてである。かれらが自分の生きているうちにはお目にかかれない未来のために行動するとき、たいていそれは人間・場所・活動形態に寄せる愛、そうしたものを大事に育てあげようとする気持からであって、けっして気負った気持からではない」（パスモア [1974] pp. 147-148）。ところが、環境保全の「市場化」は、スチュワード精神という世代間倫理を、割引率という個人的な経済計算の論理に置き換える。そこでは、スチュワード精神においては保持されていた自然を媒介とする「改良の連鎖」と「愛の連鎖」という人間の世代間のつながりが断ち切られ、自然利用をめぐる意思決定が、現在に生きる個人の経済的利害に基づく判断に還元される。その結果、スチュワード精神の世代間を結合する関係形成力にかわって、リバタリアニズムの信奉する、「自己所有権」（self-ownership）に基づく所有物への権原の主張と他者の排除という自閉的な論理が現れる。[10]

図5-2は、環境保全の「市場化」における自然所有者の意思決定のあり方を、「開発－保全ツリー」（exploitation-conservation tree）

図5－2　開発―保全ツリー

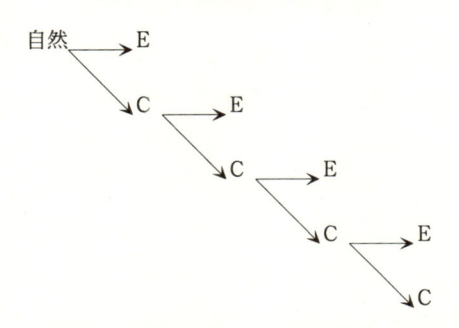

自然　→E
　　　↘C→E
　　　　　↘C→E
　　　　　　　↘C→E
　　　　　　　　　↘C

注：Eは開発（Exploitation）、Cは保全（Conservation）を意味する。
出所：筆者作成。

として概念化したものである。図に示されているように、「市場化」における環境保全は、将来世代への配慮として、いわば未来からの要請として実現されるものではなく、個々の私的所有者が各時点において自然の現在価値と割引価値を比較考量した「結果」として実現される。ここでは「保全」があくまで「消費の先延ばし」として把握され、また「保全」が「結果」としてしか（結果的にしか）実現されないから、それは不安定でもある。それゆえ、環境保全の「市場化」の下では、言葉の厳密な意味での「保全」概念は解体するのである。

　また割引率には、「保全」概念の解体をもたらすもう一つの要因がある。それは、割引率の有する成長志向的性格である。この点について、経済学における「規模」概念の重要性を指摘してきたハーマン・E・デイリーは、次のように論じている。「割引の機能上の基盤は、銀行に貨幣を預け、それがある所与の利子率で増加するという具体的なプロセスが存在することであり、このプロセスが自己の貨幣をある特定のプロジェクトに投資することの代替的選択肢とみなされている。そうしたモデルにおいて経済学者は、全ての良いことは、銀行における貨幣額と等しいものと考え、それゆえ良いことはそれが何であれ銀行における貨幣と同じように増えるものと期待しているようである。……貨幣は銀行口座で増加する、魚の数は池で増加する、木は森林で増加するなど、これらは、貨幣、魚、木材の将来量を等しい現在価値へ短期的に割引くことを正当化するかもしれない。」しかし、それを将来の満足や効用それ自体に外挿したり、長期的な意思決定の問題に拡大適用したりすることは誤りである。というのは、「池にどれくらいの魚が存在し得るか、そして森林にどれくらいの木が存在し得るかには限界がある。しかし、銀行口座にはどのくらいのお金が存在し得るかには限界がない」からである(Daly and Cobb [1994] pp. 152-153)。

　この一節には、割引率の概念が何を環境保全に持ち込むのか、そのメカニズムが明快に述べられている。すなわちそれは、際限なき経済成長と貨幣増殖の論理であり、それが有限な自然にも適用されることによって、生態系の

定常性の論理が看過される。割引率の持ち込む現在価値最大化の論理は本来的に成長志向的であり、その意味で割引率は、成長と繁栄を自らの中心的価値とする環境保全の「市場化」を体現するものである。[11]

おわりに　成長主義としての自由市場環境主義を超えて

　本章では、「私有化」の2つの側面たる「個人化」と「市場化」をキーワードに、所有権社会構想および自由市場環境主義が有する論理構造を整理し、その問題点を摘出しようとした。これまでの分析から明らかなように、所有権社会の私有化政策における「個人化」と「市場化」の矛盾は、環境保全の分野においては、世代間倫理と反成長主義に依拠する「個人化」の論理と、世代間倫理を個人の時間選好に基づく利害計算へと還元し、あくまでも成長主義を貫こうとする「市場化」の論理の対立となって現れている。要点は、自由市場環境主義が有する成長主義としての性格であり、それが同主義の内的論理に矛盾を引き起こしているということである。逆に言えば、自由市場環境主義とは、環境の時代にあって経済成長を継続することに主要な価値をおいた環境主義——もしそれを「環境主義」と呼ぶことが可能ならば——ということができる。一般に自由市場環境主義は「持続的発展」の概念に批判的であるが、それも自由市場環境主義の成長主義としての性格を前提としてはじめて理解可能なものとなる。自由市場環境主義は、何よりもその成長主義ゆえに、否定され乗り越えられねばならないものなのである。

　それでは、自然の「個人的所有」に依拠しながら、しかも「市場化」と成長主義に陥らない別の環境保全の構想は、果たして可能であろうか。「個人化」と「市場化」は、どこまで必然的に結びついているのであろうか。「個人化」の思想は、市場主義者の専売特許にとどまらない西欧に深く根ざした価値観である。例えばロックの「市民政府」構想やジェファーソンの独立小商品生産者を基盤とする経済社会構想、ロールズの「財産所有民主主義」など、西欧の近代政治思想の伝統において、「個人的所有」に基づく自由社会の形成

というテーマは繰り返し現れてきた。見方によってはマルクスの「アソシエーション論」でさえ、「個人的所有」の下で人々を市場以外の方法で結合する試みの一つということができる。

しかし、「個人化」に依拠しながら、しかも成長主義を否定する環境社会を構想することは、その「個人的所有」が自然の共有財産＝コモンズとしての性格を前提とするのでない限り、おそらく無理であろう。自由市場環境主義は、自らの成長主義を貫くために徹底的な反コモンズ主義の立場に立ってきた。コモンズに成長主義の論理を導入することはコモンズの解体を意味し、逆にコモンズの導入は、経済に「成長の限界」を設定することにつながる。コモンズと成長は両立し得ないのである。そこで、ポスト冷戦におけるもう一つの環境主義として、自然が本来有するコモンズの性格を活かしながら、成長主義を克服し、自然と人間、人間と人間の関係を再構築する道が求められる。それこそが私の「コモンズ環境主義」と呼ぶアプローチに他ならない。

第5章 注

（1）ボアズの小論「所有権社会を定義する」（David Boaz, "Defining an Ownership Society"）は、ケイトー研究所のホームページを参照。なお以下の記述は、同ホームページに掲載されているPalmer [2004] も参照している。

（2）ブッシュ政権による社会政策私有化のコンセプトである「所有権社会」の政治スローガンは、2004年の大統領選挙後、本格的に主張されるようになったものであり、そのイデオロギー的内容は、サッチャー改革のそれと極めて類似している。しかしその一方で、政策の対象となる英米両国の「所有」をめぐる政治的・経済的現実には、かなりの違いがみられる。第1に、イギリスに比べて、アメリカではすでにかなりの程度「所有権社会」が達成されている。現在アメリカでは、世帯のおよそ7割が持家に居住し、またおよそ6割が何らかの株式に投資しているといわれ、住宅・株式所有者が国民の多数派となっている。第2に、人種・民族ないしジェンダー間で、「所有権社会」の形成度にはかなりの格差がみられる。例えば、黒人・プエ

ルトリカンなど、人種・民族的マイノリティの持家比率は50%程度である。そのためアメリカにおける社会政策私有化のキャンペーンは、こうしたマイノリティや女性を主要なターゲットの1つとして展開され、同時に伝統的民主党支持層であるこれら有権者の支持を掘り崩す政治的効果も期待されたのである。
（3）個人的所有権が個人の経済的・政治的自由に不可欠の保護手段であるというのは、アメリカ創設者の一人トマス・ジェファーソンが重視した主張である。実際、「個人化」の提示する中心的社会イメージは、ジェファーソンが理想としていた、小規模の生産手段を所有する独立商品生産者からなる社会であろう。工業化が進展しジェファーソン的な経済がもはや成立し難い現代社会において、住宅私有化は、アメリカ創設時の理想社会を再現するイメージ喚起力を持った格好の政策分野であったといえる。
（4）このシフトの根幹には、社会福祉の分野における「受給権」概念の変化がある。吉田[2006a][2006b]は、アメリカの企業年金法である1974年の従業員退職所得保障法（Employee Retirement Income Security Act、以下「エリサ法」）や、1980年代に普及した確定拠出型年金を分析し、これら制度の基本性格を「受給権の財産化」と規定している。エリサ法における「受給権」とは、人間固有の権利あるいは労働者の権利として政府から認定されるものではなく、年金を「繰延賃金」として給付される権利である。その意味で、エリサ法における受給権保護の体系は、人間の生存権保護よりは財産の保護に近い（吉田[2006a] pp. 44-45）。また、確定拠出型年金における加入者拠出部分は、「繰延賃金」ですらなく、加入者がいったん受け取った賃金を、雇用主が用意した制度に「貯蓄」しているに過ぎない。その意味では、確定拠出型年金の台頭過程は、従来「個人貯蓄」として認識されていた部分をも「企業年金」に巻き込んでいく過程である（吉田[2006b] p. 91）。すなわち、資本投資福祉国家へのシフトは、「受給権の財産化」すなわち社会権の所有権への転換を通じて社会成員の関係を市場的関係へと転換するものである。
（5）このSERPS廃止を中心とする年金私有化案それ自体は、労働組合や多数の市民団体の反対を受け、さらに私的年金への一挙的移行にともなうリスク負担を恐れた事業主団体や保険業界が反対に回ったこともあって、実現は不可能となった。しかしその後政府は、SERPSの抑制と私的年金の優

遇策を内容とする「1986年社会保障法」を成立させ、私的年金は順調に拡大を続けている。イギリスにおける年金改革の経緯については、武川[1990]および武川[1999]を参照。

（6）アメリカの公的年金制度は、イギリスと同様に、低負担・低福祉の控え目なものである。その主要な制度は「老齢・遺族・障害者保険」（Old-age, Survivors, and Disability Insurance, OASDI）であり、労使折半の12.4％の賃金税を財源とする、連邦直轄の賦課方式による公的年金プログラムである。アメリカの年金制度は、このOASDIが基礎年金としての「1階」部分に当り、様々な雇用主提供年金がそれを上回る「2階」部分に相当する。ただし、公的社会保険を民間福祉が補完するという一般的な福祉国家論の常識とは異なり、アメリカではその自由の論理を反映して、年金・医療ともに原則的に民間ベースで賄い、それから落ちこぼれる部分を救い上げるために、基礎的な保障をOASDIやメディケアなど社会保険で提供するという構造になっている（渋谷・樋口［2006］p.4）。

（7）しかし、こうしたブッシュ政権や保守派推進勢力による精力的なキャンペーンにもかかわらず、年金改革はその移行に膨大なコストがかかることもあって（いわゆる「二重支払い問題」）、依然として根強い反対の声がある。2005年2月に公表された年金改革の具体案では、2009年度に任意加入の新年金制度「個人退職勘定」（personal retirement accounts, PRA）を創設、新型年金に加入する就労者は、賃金税による負担分6.2％のうち4％までを自己の個人退職勘定に振り向けることが可能となる。個人勘定に積み立てた年金資金の運用先は、高利回り型や安定運用型など、米政府が管理する複数のファンドの中から選択する（2005年2月4日付『日本経済新聞』）。

（8）渋谷博史は、社会政策私有化に基づくアメリカ型の福祉国家を、「企業ガバナンス」の観点から積極的に評価している。彼によれば、「企業ガバナンスのアメリカ・モデル」では、「健全な株式市場」というメカニズムを通して労働者大衆も企業の所有に参加し、企業経営の効率化の徹底による利潤や成果を株主として享受することが可能となる。市場経済の発展力による「豊かな社会」で労働者大衆が資産を形成しながら、株式投資を通じて企業の所有にも関わり、利益を享受するこのメカニズムは、調和的な大衆民主主義の経済的基盤をなす。それはハイエクの自由の理念、すなわち

第5章　所有権社会における私有化と環境保全

「人間の幸福は、経済活動の成果を平等に分配して全員の生活レベルが上昇したことによるのではなく、分配される成果を生み出すあるいは増加させるべく発展する『前進の過程』に参加することにあるという理念」を核に据えるものである。そして渋谷は、「現在示されているアメリカ・モデルは、20世紀の高価な社会実験であった社会主義やファシズムよりは、リスクの小さなものであろう」と述べている（渋谷［2003］pp. 5-37）。しかし、渋谷による「企業ガバナンスのアメリカ・モデル」論は、私が本論で指摘している「リスク私有化」問題を看過している点で、致命的な欠陥を有しているように思われる。第1に、渋谷は、個人が社会で直面するリスクをいかにヘッジするかという福祉システムの課題と、そうした個人が層として（投資家層として）企業をいかにガバナンスするかという課題とを混同している。「アメリカ・モデル」における企業ガバナンスは、株式市場の変動とそれにともなう投資家層たる労働者大衆の資産状況の変動を通じて行われる。そこでは、ある企業の株価下落による労働者大衆の損失でさえも、良好な企業ガバナンスの実現という観点から正当化されるという転倒した認識が現れることとなる。第2に、渋谷が「アメリカ・モデル」の核に据えるハイエクの「前進の過程」とは、際限なき経済成長を追求する成長主義イデオロギーを意味している。経済成長の永続と、それによる株式市場の永続的上昇を前提としてはじめて、渋谷の主張するアメリカ・モデルの低リスク性と大衆民主主義の調和性が保証されるのである。こうした成長主義をその理論の根幹に据えている点において、渋谷の主張（そして「アメリカ・モデル」それ自体）は環境の時代における福祉国家論として妥当性・適格性を欠くものであるように私には思われる。

（9）パスモアによれば、「開発」とは「自然の完成」を意味し、それは自然を「人間化」すること、すなわち「人間の目的のためにさらに有用なもの、人間理性に対してさらに理解しやすいもの、人間の眼にさらに美しくうつるものにすること」によって行われる。しかし同時に人間は自然の素材を尊ばねばならず、「それ自体のもつ本来の傾向を踏み超えてこれに形を与えようとしてはならない」。そして彼は、こうした考え方の長所を次のように主張する。「自然に即した設計をたてることにより自然を完成することが人間の課題であるとする理論は、人間は自然支配だけを求めるべきだとする専制君主的な見解と、自然はそれ自体完全なものであるから人間は

これを断じて変容すべきではないとする原始信奉的な見解とのちょうど中間の立場をとるという良さをもつ」(パスモア[1974] p.57, p.66)。ここでは、「スチュワード精神」の概念を通じて、「人間中心主義」と「自然中心主義」の対立の乗り越えがめざされている。

(10) 一般にアメリカの保守主義は、「リバタリアニズム」(libertarianism)と「伝統主義」(traditionalism)の2つの主要な陣営に分けられるが、両者の理念や政府の位置づけにはかなりの違いがある。リバタリアンは私的所有と市場主義を重視し、したがってほとんどの政府介入に否定的であるが、「伝統的価値」の実現を重視する伝統主義者は、その限りにおいて公共政策の存在理由を認める。本論の文脈では、「個人化」および「スチュワード精神」と伝統主義が、「市場化」および「自己所有権」とリバタリアニズムとがほぼオーバーラップする関係にある。

(11) デイリーは、割引率がもたらすこうした成長バイアスの根底には、新古典派経済学の方法論的個人主義があると考えている。例えば彼は、次のように論じている。「自分自身のために市場で活動する個人は、事実上将来価値の割引を行っていると誰もが理解する。……人間が死すべき存在であることと不確実性のために、個人レベルではこのことは賢明である。しかし、コミュニティは、個人とは違って擬似不死(quasi-immortal)である。それゆえ社会的意思決定は、モータリティに関する限り、ゼロで割引かれるべきである」(Daly and Cobb [1994] p.152)。その場合、「個人化」のレベルにおいても、こうした割引率の弊害がすでに存在するのではないかという疑問が生ずる。それはかなり微妙な問題を含んでいるが、少なくとも「市場化」によるコミュニティの完全な捨象が、割引率概念の普遍化をもたらすことは明らかであろう。

第6章　最適規模とコミュニティの経済学

はじめに　コモンズ環境主義とデイリー理論

　前章までは、ポスト冷戦時代における環境保全の中心的なビジョンの一つである自由市場環境主義について、その理論的な分析と評価を行ってきた。自由市場環境主義に対する私の評価と立場は、以下のように要約することができる。自由市場環境主義には、国家主導型の環境保全に対するアンチテーゼとして、「反国家主義」(ないし反官僚主義) と「反コモンズ主義」という2つの側面がある。そのうち、反国家主義・反官僚主義としての内容には、多くのみるべきものがある。とくに、自生的秩序を通じた分権的環境保全の実現や、権利と厳格責任を重視する反功利主義的な環境保全原理は、自由市場環境主義の理論的主張として重要である。しかし一方で、自由市場環境主義の「反コモンズ主義」としての側面は、自然の共有財産としての性格を全面否定し、さらには自然の犠牲の上にあくまで成長を求めようとする極めて破壊的かつ危険なものである。自由市場環境主義は、その反コモンズ主義としての理念を実現するため、人間と自然との関係、および自然をめぐる人間と人間との関係を、すべて自然所有者間の市場関係に還元しようとする無理な操作を行わねばならず、それは所有権の初期配分問題のような、重大な理論的困難を引き起こすこととなる。それゆえ、自由市場環境主義の反国家主義・反官僚主義としての問題提起を受け止めつつ、その反コモンズ主義としての破壊的作用に抗し、自然環境をコモンズとして現代に再建する、「コモンズ環境主義」と呼ぶべきもう1つの環境保全のビジョンが求められている。以上が私の基本的立場である。

　本章では、コモンズ環境主義の理論・政策論を構築するために、ハーマン・

E・デイリー（Herman E. Daly）の著作を取り上げることにする。デイリーはこの間、経済学体系の中に持続可能性（sustainability）の原理を明示的に取り入れることによって、新しいビジョンに基づく経済学の再構築を追求してきた。生態系の限界を意識した最適な経済規模の重要性と、経済規模の決定に際してコミュニティによる意思決定の必要性を主張する彼の理論は、まさしく「最適規模とコミュニティの経済学」（economics of optimal scale and community）と呼ぶにふさわしいものであり、あくまで成長主義の立場に立とうとする自由市場環境主義に対するアンチテーゼとしても興味深い。そこで以下本章では、まず第1節でデイリーによる経済学理論の内容を簡単に説明し、次に第2節では、政策論として、排出権取引・ピグー税の2つの政策手段、および自由市場環境主義に対するデイリーの見解を検討する。次に第3節では、デイリーの自由貿易批判を手がかりに、「グローバル・コモンズ」の管理に向けたデイリー理論の意義と課題について考察することにしたい。

第1節　最適規模の経済学——デイリー理論の概要

（1）「成長経済」から「定常経済」へ

　まずデイリーは、「成長経済」（growth economy）と「定常経済」（steady-state economy）という、2つのタイプの経済を区別する。ここで「成長」（growth）とは、「商品の生産と消費という経済活動を支えている、物質・エネルギーのスループット（throughput）の物的規模の増大」を意味する。「スループット」とは、低エントロピーの原料がまず商品に変形され、次いで最終的に高エントロピーの廃物に変形されるプロセスのことをさしており、それは自然資源の劣化とともに始まり、汚染とともに終わる。「成長」とは、このスループットの物的規模における量的増大のことである。

　これに対して、定常経済では、総スループットは一定であるが、競合的利用間のその配分は市場に応じて自由に変化する。この場合、技術的知識の改善などによりもたらされる、ある所与の規模のスループットの利用における

質的改善を、デイリーは「成長」と区別して「発展」(development) と呼ぶ。したがって定常経済は、その定義からして、「発展」することはできるが「成長」することはできない。定常状態 (steady-state) は決してスタティックなものではなく、死と生、減価と生産による絶え間ない更新と改善のプロセスであるが、そこでは同時に、スループットが長期的に持続可能な水準に保たれている。持続的発展の実現は、成長経済から定常経済へのラディカルなシフトを必然的にともなうものである (Daly [1996] pp. 31-32)。

(2) 規模の概念と「環境マクロ経済学」の必要性

デイリーが、定常経済の考察において重視するのは、「規模」(scale) という概念である。例えば、オゾン層の破壊、温暖化、生物多様性の危機、酸性雨、チェルノブイリ原発事故など、国際的・地球的規模で発生している環境問題の事例をあげながら、彼は次のように述べる。「これらすべての事実は、その背後にある1つの中心的な事実と多かれ少なかれ関係があるようにわれわれには思われる。それは、生物圏と比べた人間活動の規模が大きく成長しすぎたということである。(中略) 現在の規模を上回るこれ以上の成長は、便益の増加よりも、より急激に費用を増加させる可能性が高く、豊かさよりも貧困をもたらす『非経済成長』(uneconomic growth) という新しい時代の到来を告げるものである」(Daly and Cobb [1994] p.2)。

ところが彼によれば、こうした事実は、経済学的言説においていまだ十分な表現を見出し得ていない。それがとくに顕著なのは、マクロ経済学の分野である。第1に、マクロ経済学には、「最適規模」という概念が存在しない。ミクロ経済学における企業は、それを超えて成長すべきでない一種の「最適規模」を有している。しかし、すべてのミクロ経済的単位をマクロ経済に集計すると、その一線を超えると成長が反経済的 (antieconomic) になるような最適規模の概念は、完全に消えてしまうのである。第2に、マクロ経済学の中心的な指標であるGDPの問題がある。GDPは、先に述べた経済の質的な改善を意味する「発展」と、経済の量的な増大を意味する「成長」とを、

区別することができない。それゆえGDPは、持続可能性を表現する指標として不適切である。(1) 実際、大学で教えられ、政府機関や開発銀行で実践されている環境経済学は、圧倒的にミクロ経済学である。理論的な焦点は価格である。すべての社会的限界機会費用を反映する価格に到達するため、環境外部費用をいかに内部化するかが論じられ、フルコスト価格を計測する主要な用具として、費用便益分析が用いられる。そして、ひとたび正しい価格に到達すれば、問題は「解決」したとされる (Daly [1996] pp. 45-46)。

このように、環境問題に対する経済学の従来のアプローチには、マクロ経済的な次元が存在しない。しかし、持続的発展を論じるためには、規模の概念を明示的に取り入れたマクロ経済学が必要となる。彼はこれを「環境マクロ経済学」(environmental macroeconomics) と呼び、この新しい経済学の構築へ向けて、経済に対するこれまでの「ビジョン」の再検討を行うのである（ここでいう「ビジョン」の意味については、本書の「序論」を参照）。

（3）開放系サブシステムとしての経済

現代経済学、とくにマクロ経済学のビジョンは、図6-1のような循環フロー・ダイアグラム (circular flow diagram) によって表される。このダイアグラムの特徴は、第1に、マクロ経済が、それをとりまく環境との物質・エネルギー交換のない、「閉鎖系システム」(isolated system) と捉えられていることである。言い換えれば、ミクロ経済学では、あらゆるミクロ経済単位の活動が、より大きな全体の一部とみなされているのに対して、マクロ経済は、より大きな何かの一部ではなく、それ自身が全体をなすと考えられている。第2に、このダイアグラムにおける循環フローが表現し

図6-1 閉鎖系システムとしての経済

財・サービス

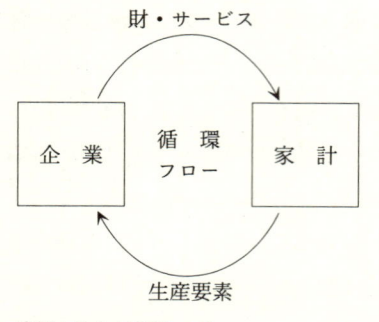

企業 ― 循環フロー ― 家計

生産要素

出所：Daly [1996] p. 47

ているのは、抽象的な交換価値である。図の閉じたループの中を流れているのは、財・サービスや生産要素の物的な次元を抽象した交換価値であって、マテリアルなサイクルではない。

デイリーによれば、伝統的なマクロ経済学が環境問題を取り扱えないのは、このような分析以前のビジョンに問題がある。マクロ経済学が規模の問題に無関心なのは、それが経済を閉鎖的でトータルなシステムとして把握しているからである。マクロ経済には、その規模に制限を課する、より大きな全体は存在しない。各企業は、経営上の限界のために最適規模に達するかもしれないが、産業や経済セクターにはそうした「最適規模」はなく、新企業を加えることによって永遠に成長できる。また、ループの中を抽象的な交換価値が流れるこの閉鎖系システムは、環境にまったく依存していないから、自然資源の劣化や環境汚染の問題は、このフレームワークの中では存在し得ない。分析は、分析以前の「ビジョン」が無視するものを提供できないから、マクロ経済学のテキストは、環境、自然資源、汚染などの問題に対しては沈黙せざるを得ないのである。

マクロ経済学における以上の伝統的ビジョンに対して、デイリーが提起するのは、図6-2に示されているように、マクロ経済を物質収支、エントロピー、有限性（finitude）によって制約される、自然生態系（環境）の「開放系サブシステム」（open subsystem）として描くことである。経済のミクロ単位（企業や家計）が、より大きなシステム（マクロ経済）の部分として機能するのと同様に、マクロ経済は、より大きなシステムである自然生態系の一部である。マクロ経済は、高エントロピーの物質・エネルギーの投入源として、また低エントロピーの物質・エネルギー廃物の吸収源（sink）として、生態系に全面的に依存している。

生態系の規模は、経済が成長しても一定であるため、時の経過とともに経済が生態系に対して相対的に大きくなることは避けがたい。図6-2には、そのことが「空の世界」（empty world）から「充満した世界」（full world）への転換として描かれている。そして、この「開放系サブシステムとしての

図6-2　生態系の開放系サブシステムとしての経済

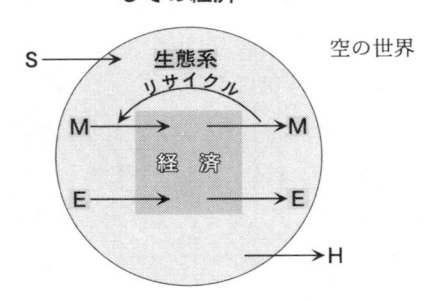

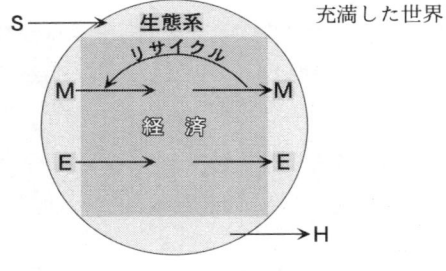

```
S ──→ 生態系　　　　　空の世界
       リサイクル
    M ──→　←── M
       経　済
    E ──→　　　→ E
                  ──→ H

S ──→ 生態系　　　　　充満した世界
       リサイクル
    M ──→　←── M
       経　済
    E ──→　　　→ E
                  ──→ H
```

S＝太陽エネルギー　H＝熱　M＝物質　E＝エネルギー
　　■人工資本　　　□自然資本
出所：Daly [1996] p. 49

経済」という新しいビジョンは、それが全体システムの機能を撹乱することなくどこまで大きくなれるのか、その大きさはどの位であるべきかという、経済の「最適規模」(optimal scale) に関する一連の問いを引き起こす。経済の「規模」とは、「人口×一人当り資源使用量」によって定義され計測されるものであるが、その最適規模に必要な条件は、原料投入から物質の財への体化、そして廃物産出に至る経済のスループットが、生態系の再生・吸収可能な容量の範囲内にあることである。したがって持続的発展とは、経済というサブシステムが、生態系によって永遠に維持される規模を超えて成長してはならないことを意味する (Daly [1996] pp. 27-28、pp. 47-49)。

(4) 物質代謝論アプローチとデイリー理論の特徴

以上、デイリー理論の概要を、彼のいう「ビジョン」を中心に紹介してきた。その内容は、ケネス・ボールディングやニコラス・ジョージェスク＝レーゲンといった経済学者に代表される、「エコロジー経済学」ないし「エントロピー経済学」の系譜に属するものということができる。本章では、環境経済学に対するこれらのアプローチを、植田他 [1991] にならって、「物質代謝論アプローチ」と呼ぶことにする。物質代謝論アプローチとは、現代の

第6章　最適規模とコミュニティの経済学　149

環境問題を「人間と自然との物質代謝」機構の崩壊による「エコロジー危機」(ecological crisis) の問題としてとらえ、この問題を解決するためには、その物質代謝機構をになう経済システムとそれに対応した経済学のあり方が、根本的に再検討される必要があると考える立場である。自然の有限性やエントロピー法則を重視するデイリーの議論が、こうしたアプローチの系譜に属することは明らかであろう。

　その際、デイリー理論の特徴は、物質代謝論アプローチがめざす、経済システムおよび経済学の根本的な再検討の中心的な戦略目標を、経済の「規模」に置いたことにある。この点をより明確にするため、日本における物質代謝論アプローチの代表的な論者である玉野井芳郎の議論と比較してみよう。玉野井もまた、ジョージェスク=レーゲンのエントロピー経済学に触発されて、「生命系のエコノミー」という独自の経済学を提唱した。そこにおいて彼は、自己の経済・自然観を図6-3のように表し、自然・生態系は、「系内で生じるエントロピーを系外に捨てることによって生命活動を維持している系」としての「生命系」(living system) を核として成り立っていること、またこれからの経済学は、生産と消費との関連を、自然・生態系との結びつきをふくめた「広義の物質代謝の過程」としてとらえなければならないことを主張している。こうした経済・自然観それ自体は、経済を「開放系システム」としてとらえるデイリーの立場とほぼ同じである。しかし、図6-2と図6-3を比べると、今日におけるエコロジー危機の根源がどこにあるのかという点に関する、両者の認識の違いが現れている。すなわち、デイリーは、経済が

図6-3　経済と自然の物質代謝

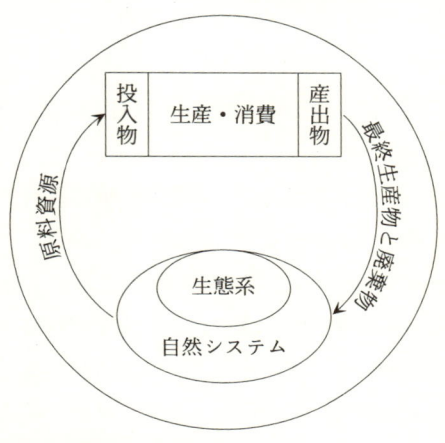

出所：玉野井[1978] p.44

自然のサブシステムである点を重視し、自然に対する経済の量的規模を問題
としているのに対して、玉野井は、むしろ経済と自然を2つの独立したシス
テムととらえ、その間の相互作用（物質代謝）の質的なあり方に着目してい
る。そして玉野井は、こうした観点から、今日のエコロジー危機の根源を、
近代工業化社会が「生命系の原理」（＝農業生産）と対立する、「非生命系の
原理」（＝工業生産）に支配されている点にあるととらえたのである。そして、
「生命系」の原理に基づく経済社会の再構築のために、農村社会と共同体原
理の再評価や、地域主義（regionalism）の現代的復権などを主張した。[3]

　このように、新たな経済システムの構築へ向けた玉野井の議論は、近代化
批判や工業化批判が極めて強いものとなっている。これは玉野井のみならず、
物質代謝論アプローチに多かれ少なかれ共通する特徴であるが、そうした批
判と、現実の都市型社会とのギャップの大きさが、このアプローチが有する
欠点の1つとされてきた（植田他 [1991] p.22）。これに対してデイリーの議論
は、エコロジー危機の焦点を経済の「規模」にあてることによって、単なる
近代化批判に終わらない、明確な社会的目標を提示することに成功している
ように思われる。それが最もよく現れているのが、政策論の領域である。そ
こで次節では、デイリーによる「最適規模の経済学」が、環境政策について
どのように論じているのかをみることにする。

第2節　最適規模の政策論とコミュニティ

（1）経済政策の3つの目標―資源配分、分配、規模

　環境マクロ経済学の主題をなすのは、トータル・システムである生態系と
サブシステムである経済の境界を越えて行われる物的交換のあり方であるが、
その際に注意すべきは、これまで述べてきた規模の問題と、資源配分の問題
を明確に分けて考えることである。ある所与の規模の経済内部における「最
適資源配分」の問題と、経済全体の「最適規模」の問題は、まったく別であ
る。デイリーはこれを、船に積荷を載せる場合、ある所与の重量の積荷を船

が傾かないように船内に最適に配置する問題と、その船が運ぶことのできる積荷の絶対量の問題に例えている。海運の場合、積載重量の限界を示しているのは、船腹に引かれたプリムゾル標（Plimsoll line）である。そして、環境マクロ経済学の主要な任務は、経済の絶対的な規模を保つために、このプリムゾル標に相当する経済制度を設計することである。

デイリーの見解に特徴的なのは、この規模の問題を、市場が処理することはできないと考えている点である。市場は、生態系に対して増大する自分自身の規模のコストを、単独では記録できない。デイリーはこの点を、「稀少性」の概念を用いて説明している。すなわち、彼によれば、価格は諸財の「相対的な稀少性」（relative scarcity）を計測し、互いを正しい比率に保つことはできるが、マクロ経済の規模を制限する、「絶対的な稀少性」（absolute scarcity）を計測することはできないというのである。市場が達成するパレート最適な資源配分は、持続不可能な規模を含めた、あらゆる規模の資源処理量において達成可能であって、それはちょうど、最適資源配分が、不公平な分配を含めたあらゆる所得分配の下で達成し得るのと同じである。市場が取り扱えるのは資源配分に関わる効率性のみであって、持続可能性というエコロジー的基準や、正義という倫理的基準を扱うことはできないというのが、デイリーの基本的な認識である（Daly [1996] pp. 27-32）。

以上の議論から、現代の経済政策には、3つの独立した政策目標が存在することになる。すなわち、代替的な生産物利用者間へ資源フローを分割する「資源配分」（allocation）、生産物に体現された資源フローを異なる人々の間に分割する「分配」（distribution）、そして資源フローの総量を決定する「規模」（scale）の各目標がそれである。この3つの政策目標には、それぞれ、効率性、公正、持続可能性という価値が対応する。そしてデイリーは、この3つの政策目標は、それぞれ独立した政策用具を必要とすると考える。既存の経済理論は、3つの政策目標のうち、前者2つを区別する必要性は認識している。競争市場における需要と供給によって形成される相対価格は、効率的な資源配分をもたらす。一方、所有権の初期配分に応じて異なる効率的資

源配分が存在することから明らかなように、分配の公正さは効率性とは別の政策目標であり、福祉、社会保険、相続税のような異なる政策手段を必要とする。しかし、規模の問題は、標準的な経済理論ではたいてい無視されており、環境資源や吸収源が無限であることが暗に想定されている。したがって経済理論には、経済の規模を生態系の収容力の範囲内に保つための政策用具は存在せず、持続可能性を実現するための環境政策の現状は「2つの石で3羽の鳥を殺そうとしているようなもの」といわざるを得ない (Daly [1999] pp. 39-40)。

(2) 2つの外部性概念とピグー税批判

それでは、経済政策において求められる「第3の石」、経済のプリムゾル標にあたる政策用具とは、いったいどのようなものであろうか。標準的な経済理論における解法では、環境問題を「外部性」(externality)ととらえ、その内部化によって効率的な資源配分を達成し、市場の効率性を回復しようとする。そのための代表的な政策用具が、いわゆるピグー税である。

しかし、デイリーは、これらの概念や政策を、現代の環境問題にはそぐわないとして退ける。そもそも経済学は、現実の経済を、完全競争市場によって制御される国民所得の循環フローとして抽象化することにより成立しているが、そこにおいて捨象された要素を同定するために用いられているのが「外部性」という概念である。彼によれば、外部性とは、プトレマイオス天文学の「周転円」(epicycles) と同様、体裁を繕うために導入される既存理論体系のアド・ホックな修正である。外部性概念は、具体的経験の中で既存理論が無視する側面を示すが、理論体系の再構築が最小限にすむようなやり方でそれを行う。外部性概念によって取り扱われるのが例外的で小さな問題であるうちは、それはおそらく妥当な手続きであろう。しかし、外部性概念に訴えなければならない現象が現実世界でますます増大しており、さらに地球の環境容量のように大きな問題を取り扱う必要性が生じている現在、これまで「外部的」であったものを包含するため、外部性という基礎概念そのもの

を再構築すべきである (Daly and Cobb [1994] p.37)。

以上の点を明確にするためデイリーが提示するのは、「局地的外部性」(localized externalities) と「普遍的外部性」(pervasive externalities) の区別である。局地的外部性は、価格を調整することによって、あるいは他の漸進的な変化によって、少なくともある妥当な範囲まで取り扱うことができる。一方、普遍的外部性は、その現象のおよぶ範囲が一般的であり、相対価格を「いじる」ことによっては有効に扱い得ないものである。普遍的外部性は、量的な制限ないし大きな制度変化を必要とする。例えば石炭産業の場合、炭鉱労働者の黒肺塵症は局地的外部性に相当する。それは明らかに炭鉱労働に関連しており、労働者とその家族だけが影響を受ける。他方、二酸化炭素の排出や酸性雨は、普遍的外部性である。これらの場合、コストは明確に定義される集団のみに発生するのではなく、またその原因も単一の局地的活動にまでたどることはできない。

ピグー税による外部性の内部化という標準的な経済理論の解法は、上記2つの外部性のうち、局地的外部性に対しては妥当である。しかし、この解法は、普遍的外部性に対してはもはや適用できない。例えば、温室効果の外部コストを内部化するための税額を計算する問題を考えてみれば、その困難は明白である。気候変動や海面上昇によりもたらされる損害の計算は、極めて多くの当て推量、不確実性、恣意的な仮定を含まざるを得ない。外部性理論は、普遍的外部性を内部化するのに不可能な計算を要求する。温室効果による変化は、価格や他の断片的手段で表現するにはあまりにも非限界的 (nonmarginal) で、システミックかつ普遍的なのである。

「普遍的外部性」を通常のピグー税の枠組で内部化しようとすると、なぜこのような困難を引き起こすのか。これまで論じてきたように、経済には生態系に対して最適な規模がある。経済が成長するにつれ、その規模は大きくなるが、経済をサブシステムとしてもつ生態系そのものは成長しない。太陽光の量と生物化学的サイクルの転換率は、利子率やGDPの成長率に関わらずおおむね一定である。その結果、サブシステムである経済が、母システム

である生態系に対して、これまでにないストレスを与えている。この「全般的ストレス」(generalized stress) こそが、ある外部性に普遍的で非限界的な性格を与え、断片的なピグー税という政策手段を不適切なものにしているのである[4] (Daly and Cobb [1994] pp. 141-143)。

　以上がデイリーのピグー税批判の概要である。周知のように、ピグー税構想における外部費用の計測可能性は、同政策構想の有する最大の難点である。例えば宮本憲一は、その原因を環境被害の不可逆性に求めた。彼は、生命や健康の破壊のような不可逆的な損失を「絶対的損失」と呼び、その貨幣換算が不可能であることにピグー税構想の限界があるとした。またオーストリア学派は、困難の原因をピグー税の有する価格としての人工性に求め、税額を実際には市場でなく政府が決めることから、その値は恣意的にならざるを得ないと主張した。しかし、デイリーの指摘するピグー税構想の問題点は、これらの主張とは異なる。宮本の主張する絶対的損失の貨幣評価問題は、デイリーのいわゆる局地的外部性・普遍的外部性のどちらのケースでも発生する。宮本もデイリーも、価格システムの情報処理能力には限界があるという認識では一致しているが、宮本が不可逆性の貨幣評価にその難点をみているのに対して、デイリーは、規模問題の処理に価格の限界があると考えている。すなわち、相対価格の有する機能は資源配分機能だけであり、分配や最適規模の問題を処理する能力は有していない。それにも拘らず、これらの問題を相対価格のみに反映させようとするため、恣意性が次々と積み重ねられていくことになるというのが、デイリーの見解である。この困難は、デイリーによれば、価格を政府が決定するのか、それとも市場が決定するのかに拘らず、価格システムそれ自体が有する限界であって、その意味で彼の見解は、市場プロセスの問題処理能力に絶対の信頼をよせるオーストリア学派の立場とも異なるものである。

（3）排出権取引の積極的評価と自由市場環境主義批判

　既存の外部性理論とピグー税政策をデイリーは以上のように批判するのであるが、それでは、温室効果のような変化を取り扱うのに、より妥当な手続きはないのだろうか。先にも述べたように、デイリーによれば、ピグー税の難点は、規模の問題を価格に直接反映させようとするところから生じていた。そこで、フルコスト価格を計算するという不可能な仕事から始め、それらの価格に基づき最適規模を市場に決定させる代わりに、最適規模から始めて、それに対応する価格を市場に計算させるという方法が考えられる。この場合の最適規模は、環境容量と自然資源・吸収源の持続可能な開発率（exploitation rates）によって、物的単位でおおまかに定めることができる。これら持続可能な生物・物理的制限を市場経済に課すことにより、これらの制限を反映し、持続可能性の価値を内部化した、新しい市場価格がもたらされる。

　デイリーは、こうした観点から、排出権取引を高く評価する。これまで述べてきたように、デイリーは、資源配分、分配、規模という3つの政策目標の独立性を主張しているが、排出権取引は、この各政策目標の独立性を示す「美しい例」である。それは、この政策が実際に要求するものを順々に想起すれば、自ずと明らかになる。すなわち、まず第1段階として、エコロジー的に持続可能な総汚染量が決められる。この総汚染量は、問題となっている地域大気もしくは水域の吸収容量の範囲内に設定される。次に第2段階として、決定された総汚染量に対する限られた分量の汚染権を、人々の間に何らかの公正な方法で初期配分しなければならない。これら2つの段階を経て初めて、第3段階として、市場における汚染権の取引を通じた効率的な資源配分が行われる。このように、排出権取引においては、3つの政策目標が「規模→分配→資源配分」という順序で明確に区別されている。しかもその際、各政策目標を達成する手段もまた区別される。規模は明らかに価格によって決定されるのではなく、生態学的限界を反映した社会的意思決定によって決定される。分配もまた価格によって決定されるのではなく、新しく創出され

た資産の公正な分配を反映する社会的意思決定によって決定される。これらの社会的意思決定を前提条件として、市場における「個人主義的な取引」(individualistic trading) がこの稀少な権利を効率的に配分できるのである。

　このような排出権取引の特性に対する無理解から、これまでこの政策手段は、様々な誤解にさらされてきた。第1に、汚染権が「汚染のライセンス」であるとする環境主義者からの非難である。デイリーはこれに対して、排出権取引を次のように擁護する。環境主義者は、総汚染量を持続可能な水準に制限することがこの政策の中心的ポイントであることを理解していない。このスキーム下では富者が有利になるという批判もあるが、富者は常に有利なのであって、排出権取引が富者の既存の有利さを助長するか抑制するかは、この新しい資産が取引可能な点にあるのではなく、ひとえにその所有権の初期配分に依存する。第2の誤解は、排出権取引を個人主義的な「自由市場」による解法であるとする、経済学者の賞賛である。彼らは、排出権取引が指令・統制型の規制に対して有する資源配分上の優位性にとらわれており、一方で排出権取引が、規模と分配の問題を社会的意思決定によって処理するという側面を重視してこなかった。それが、排出権取引に対する誤解を生み出しているのである (Daly [1996] pp. 52-53)。

　後者の誤解に関連して興味深いのは、デイリーによる自由市場環境主義批判である。彼は、この環境主義の代表的な論者であるアンダーソンとリールの著書『自由市場環境主義』の書評の中で、「市場が常に環境の敵であると考える人々にとって、この本は多くの重要な教訓を有している」(Daly [1999] p. 34) と評価する一方、彼らの主張の問題点を指摘している。それは主に、環境に対する所有権の設定に関する、彼らの議論の曖昧さに向けられている。彼らは所有権の設定について、「2つの矛盾する物語」を語っているというのである。すなわち彼らは一方で、所有権を定義し執行する上での政府の役割を認めているが、彼らが本当に語りたい物語は、企業家的なイニシアティブによって、所有権が進化するというものである。かつてアメリカ西部で土地の囲いや牛の焼印などが発達したのとちょうど同じように、あら

ゆる環境問題は、企業家が開発するこれら「所有権定義技術」(property-defining technologies) の現代版によって解決できる、と彼らは考えている。

所有権設定問題に対する彼らのアンビバレントな態度は、排出権取引に関する記述にもみられる。この政策において、環境利用量を環境容量の範囲内に制限する最初の社会的・集合的意思決定が必要であることは、著者らも理解はしている。しかし彼らは、規模が集合的意思決定よりも何らかのコース的・個人主義的な交渉プロセスによって設定されうるならば、その方がはるかによいと感じている。彼らの希望あるいは信念は、必要な所有権が、このことを可能にするやり方で進化するだろうというものである。排出権取引では、コミュニティあるいは国家が環境に対する権利を設定し、その所有権の初期配分を行った後に初めて、「自由な」市場とその資源配分能力に到達する。これは「制限市場環境主義」(constrained market environmentalism) と呼ぶのがより適切であるのに、アンダーソンらは「自由」市場環境主義と呼びたがっていると、デイリーは彼らを批判する (Daly [1999] pp. 35-39)。政府なき環境保全に対する願望が、制度の理解にも歪みをもたらしているというのである。

デイリーの観点からすれば、自由市場環境主義とは、規模の問題を、適切な所有権の定義を通じてすべて資源配分問題に還元しようとする試みである。確かに、ひとたび空気が稀少財となったならば、その価格をゼロに保とうとするのはおろかな経済学であろう。きれいな空気には正の価格がつき、最適配分が行われ、問題は「解決」される。しかしその場合でも、空気の価格がゼロであるようなより小さな規模の経済と、空気が正の価格を持つようなより大きな経済と、どちらがわれわれにとってよりよい状況なのか、という問題は残る。それは資源配分の問題ではなく規模の問題であって、規模のコントロールを市場による資源配分のように個人主義的な方法に委ねることはできないと、デイリーは考える (Daly and Cobb [1994] pp. 240-241)。彼は次のように結論づける。「市場に対する明確な現在的危険は、『自分たちの』所有権を定義し執行することに専念する環境企業家によって、あらゆるものが囲

われ焼印を押されて私的利潤のために売買されるような世界に対する、過度の熱狂から生まれる。経済的拡大のエコロジー的制限についての集合的意思決定やコミュニティの合意、そしてエコロジー的空間所有の集中に対する倫理的制限なしに、われわれは、有限の生態系の内部で続く経済的拡大により発生する軋轢に対して、われわれの個人的な所有権を『進化させ』防衛するための訴訟にすべてのエネルギーを費やすことになるだろう。稀少資源を配分する制度としての市場は、その長所、効率性が輝くことのできる持続可能な文脈を奪われる。効率的なしもべが、不正で持続不可能な主人となるであろう」(Daly [1999] p.44)。

(4) コモンズ環境主義としてのデイリー理論

以上、「最適規模の経済学」の政策論を、ピグー税と排出権取引に対するデイリーの見解を中心に概観してきた。その要点は、一言でいえば、資源利用の最適規模に関する社会的意思決定と、総資源量の代替的利用者間への最適配分を行う個人主義的な意思決定とを明確に分けることが重要である、という点に集約できよう。デイリーがピグー税や自由市場環境主義を批判するのは、それらが、社会的意思決定を要する規模の問題を、個人間の個別交渉によって処理される価格や市場による資源配分の問題に置き換えようとするからである。また、彼が排出権取引を高く評価するのも、それがこの2つの問題を峻別しているからに他ならない。このように、規模問題の処理に際して社会的意思決定を重視するデイリーの立場は、環境の公共的管理を重視する「コモンズ環境主義」との親和性を有していると考えられる。

ただし、デイリー理論の有する政策的含意には注意が必要である。本書では、現代の環境政策論における類型として、「権利論アプローチ＝自由市場環境主義」、および「財政論アプローチ＝コモンズ環境主義」という、政策とビジョンに関わる2つの類型を提示してきた。しかし、コモンズ環境主義としてのデイリー理論が有する政策上の志向性は、そのピグー税批判や排出権取引の肯定的評価にみられるように、われわれが提示した図式とは明らか

表6-1　政策手段とビジョンの関係

	デイリーが批判する政策	デイリーが評価する政策
自由市場環境主義	「自由市場型」排出権取引	「制限市場型」排出権取引
コモンズ環境主義	ピグー税	ボーモル・オーツ税

に異なるものである。その相違は、例えば次のように示すことができる（表6-1）。

　この表では、排出権取引について、2つのタイプが区別されている。「自由市場型」排出権取引とは、所有権の設定と規模の問題を何らかの個人主義的な方法で——オーストリア学派の言葉を用いれば、「自生的秩序」の形成プロセスとして——処理するものであり、一方、「制限市場型」排出権取引とは、これらの問題を何らかの公共的意思決定によって処理するものである。先にみたように、自由市場環境主義の政策的スタンスは、この2つのタイプの排出権取引のうち前者を積極的に支持するが、より現実的な選択肢として、後者も消極的にではあるが容認するというものであった。一方、デイリーが積極的に評価する排出権取引は、あくまで資源配分問題と規模問題を区別する「制限市場型」のそれである。

　環境政策の財政論アプローチについてはどうか。環境税の主要なタイプには、ピグー税とボーモル・オーツ税がある。ボーモル・オーツ税とは、まず目標とすべき汚染水準を物的な観点から定め、その後に税率を試行錯誤的に上下させることにより、目標水準を達成しようとする政策手段のことである。このうち、規模の問題を一貫して価格カテゴリーの内部で処理しようとするピグー税にデイリーが批判的であることは先にみた通りである。一方、ボーモル・オーツ税については彼は明示的には論じていないが、汚染水準を物的な観点から定め、その後に税率を擬似市場プロセスによって定めようとするそのアプローチが、彼の政策論的立場に適合的であることは明らかと思われる。

　一般に、物質代謝論アプローチは、市場原理とコモンズなどのコミュニテ

ィ的原理とを、対立的で両立不可能な関係としてとらえる傾向がある。それに対して、デイリー理論は、市場に対する柔軟な態度が特徴的である。デイリーは両原理の対立を、資源配分問題を市場原理に、規模問題をコミュニティ原理にそれぞれ「割り振る」ことによって解決できると考えている。このような図式的な問題把握の仕方は、彼のアプローチに特徴的なものであり、そこにデイリー理論の明快さがあるといえよう。しかし、両原理のおよぶ領域をこのように截然と区別し、しかもその調和的な政策効果を期待することが、本当に可能なのであろうか。そこで次節では、デイリーのコミュニティ観を立ち入って検証し、彼がコミュニティと市場の関係をどのように考えているのかを考察することにしたい。

第3節　コミュニティの経済学と
　　　　　　グローバル・コモンズの管理

(1) デイリーのコミュニティ論と用具的市場観

　これまでの議論から明らかなように、デイリーは、規模の問題に関する公共的・社会的意思決定を行う「場」ないし「主体」として、コミュニティの存在を重視している。彼のコミュニティ重視の姿勢は、意思決定の問題にとどまらず、経済学の方法論や理論においても貫かれている。
　経済学には、社会のあらゆる問題を資源配分問題として処理しようとする傾向があるが[5]、その根底には、経済学という学問体系が依拠する方法論的個人主義 (methodological individualism) の問題がある、とデイリーは考える。経済学の前提であるホモ・エコノミカスという人間観は、現実の極端な抽象物であって、社会成員の具体的経験は、「コミュニティ内人間」(person-in-community) のそれである。人間の自己同定 (self-identification) の基盤はコミュニティにあり、個人的アイデンティティそのものが、社会関係の質によって決定されている。人間は単に、「様々なモノに対する個人的な支払意思の外的なつながり」によって関係づけられているのではなく、貧しい人々、

未来世代、そして他の種に対する血縁関係、友愛、市民性、信託の関係によっても関係づけられているのである。その意味でコミュニティは、市場よりも根源的である。「市場はコミュニティを前提とする」と彼はいう。なぜなら、コミュニティは、近代経済理論がよって立つ実証主義的・個人主義的な価値の哲学にある個人的嗜好のレベルには決して還元されない、誠実さ、自由、イニシアティブ、節倹その他の価値を分かち持っているからである。市場は、これらの「モラル資本」(moral capital) を蓄積することはできず、モラル資本を再生させる上でコミュニティに依存している。それは、市場が、自然資本の再生を生物圏に依拠しているのとちょうど同じである (Daly [1999] pp. 40-41、Daly and Cobb [1994] pp. 50-51)。

したがってデイリーによれば、「最適規模の経済学」は、「コミュニティのための経済学」(economics for community) として構想されなければならない。このことを彼は、アリストテレスの「貨殖術」(chrematistics) と「家政術」(oikonomia) という言葉を用いて説明する。貨殖術とは、所有者にとっての短期的な貨幣的交換価値を最大化するための、財産・富の運用に関する政治経済学の部門である。これに対して家政術は、長期にわたり家計の全成員にとってその使用価値を増大させるための家計経営である。家政術は、長期的な見方をする点、取引の当事者だけでなく、コミュニティ全体のコストとベネフィットを考慮する点、そして、抽象的な交換価値とその限度なき蓄積への動力よりも、具体的使用価値とその限度ある蓄積に焦点を当てる点において、貨殖術とは異なっている。

経済学のアカデミックなディシプリンは、家政術よりも貨殖術にはるかに近い。貨殖術は、コミュニティから市場を抽象し、その限界なき成長を求める。市場の成長がコミュニティの厚生に必ずしも寄与しないことを認識せざるを得なくなると、それはアド・ホックな調整を行うものの、市場の成長のために働き続ける。それは交換価値のタームで測られる。一方、家政術は、市場をコミュニティの全体的な必要の観点からみる。それは市場がある特定の機能、とくに資源配分のために優れた用具であることを見出すとともに、

市場が危険であることも発見する。コミュニティの運営では、長期的な視野で全成員に対して使用価値を増大させるために市場が用いられる。また市場の有害な影響を最小限にするため、市場が正しい規模であることを要求する。それゆえ、コミュニティの経済学にとって、最適規模の問いが中心となる (Daly and Cobb [1994] pp. 138-139, p. 158)。

以上が、デイリーのコミュニティ論の要約である。新古典派経済学のホモ・エコノミカス的人間観に対しては、これまでも様々な批判が行われてきた。デイリーの「コミュニティ内人間」論の特徴は、ホモ・エコノミカス的人間観からは規模に関する問いそのものが生じないことを指摘することによって、経済学における人間観変革の必要性を、単にモラル的な経済学批判としてではなく、既存の経済理論の欠陥ないし欠落している点と具体的に結びつけた点にある。さらに、市場に対するコミュニティの根源性や、貨殖術に対する家政術の評価など、デイリーもまた、物質代謝論アプローチとして、市場に対してかなり批判的・相対的な見方をしていることが明らかである。しかし彼は同時に、市場を完全に排斥するのではなく、むしろコミュニティ運営のための重要な「用具」ともみなしている。それは「コミュニティによる用具としての市場利用」というコンセプトに集約することができよう。

（２）「コミュニティのコミュニティ」構想とその問題点

こうしたデイリーのコミュニティ・市場観は、経済人類学者カール・ポランニーの市場社会論を連想させる。周知のようにポランニーは、近代市場社会の特徴を、社会からの市場の離床（embed）と「自己調整的市場」の出現に求めた。すなわち、「社会関係のなかに埋めこまれていた経済システムにかわって、今度は社会関係が経済システムのなかに埋めこまれてしまった」（ポランニー [1947] p.65) 点に、近代社会の中心的な問題点がひそんでいると考えたのである。そこから、「市場経済をふたたび社会の中に埋める (re-embed)」（玉野井 [1978] p.21) という、ポランニーの変革図式が導かれる。デイリーのコミュニティ論と用具的市場観が、こうしたポランニーのテーゼと

軌を一にするものであることは明らかである。

　ところで、デイリーによる「コミュニティによる用具としての市場利用」というコンセプトや、ポランニーによる「市場を社会の中にふたたび埋める」というテーゼは、市場がコミュニティの境界内にある場合には、無理なくイメージすることができる。しかし、市場がコミュニティの境界を超えてグローバルに機能している場合、「コミュニティによる市場利用」や「市場を社会の中に埋める」とは、どのようなことを意味するのであろうか。さしあたり、2つの戦略を考えることができる。すなわち、第1に、グローバル化に適応できるようコミュニティをグローバル化する戦略であり、第2に、ローカルないしナショナルなコミュニティに合わせて、グローバル化した市場や環境問題をコミュニティ単位に分割することである。

　この問題に関してデイリーが掲げる構想は、重層的コミュニティ論とでも呼ぶべきものである。彼は自己の構想を「コミュニティのコミュニティ」(community of communities) と呼んでいるが、その内容は次のようである。国際社会の形成原理には、ローカルなコミュニティやナショナルなコミュニティが消滅した後、市場が支配する単一のコスモポリタン的世界と、諸コミュニティの連邦に基づく世界とがある。この後者こそ、国際的コミュニティに至る真の道である。世界をコミュニティのコミュニティとして規範的にとらえるという提案は、主権の考え方を希釈することである。主権州も、主権国家も、主権グローバル政府も存在するべきではない。現在の主権国民国家は、重要な役割を保持するかもしれないが、そのある役割はより小さなコミュニティ単位に、またある役割はより大きな単位である国連へ引き渡すことになるであろう (Daly and Cobb [1994] pp. 178-179)。

　このように、デイリーの重層的コミュニティ論は、これまで支配的であった国民国家単位のコミュニティを、国際的なコミュニティへと広げていく方向と、ローカルなコミュニティへ分権化していく方向への二正面作戦をとっている。しかし、この抽象的な政治経済の理論モデルを、グローバル化が進む現実の国際社会においてより具体的に構想しようとするとき、デイリー自

身の見解にも動揺がみられる。それがもっとも明瞭に現れているのが、自由貿易の弊害に対する彼の処方箋である。彼は、自由貿易の推進するコスモポリタン的なグローバリズムが国家や下位コミュニティの管理能力を弱め、他方で超国家企業（transnational corporations）の相対的な権力を強化させることを批判する。そして彼は、グローバル経済を管理するためのグローバルな政府の必要性を主張し、次のように述べる。「経済がますますグローバル化し、経済的意思決定がいかなる政体によってもコントロールできなくなれば、強い意味での世界政府が必要となるだろう。人間の生活に関するほとんどの重要事項が、超国家企業の利益に基づいてのみ決定されるのは、耐えられないことである。経済は何らかの監視下に置かれなければならない」(Daly and Cobb [1994] p.178)。ここでは、デイリーは明らかにコミュニティのグローバル化戦略を描いている。しかし、別の箇所では、そうしたグローバル政府は非現実的であるとして、むしろグローバル化した市場経済を再び「分権化」（decentralization）する、つまり国民経済や地域経済に分割する戦略を主張しているのである。彼は1994年に行った世界銀行の退職講演の中で、次のように述べている。「グローバルな利益のためにグローバルな資本を規制することのできる世界政府は存在しないのだから、そして世界政府なるものの妥当性と実現可能性は極めて疑わしいものであるから、資本のグローバル性を弱め、よりナショナルなものにする必要があるだろう」。そして彼は、今から10年後には、「資本の再民族化」（renationalization of capital）と「国民経済および地域経済の発展のための資本に根ざしたコミュニティ」が叫ばれるようになるだろう、との予測を示している (Daly [1999] p.67)。この後者の見解は、もはや「コミュニティのコミュニティ」構想を放棄しているといってもよい。

ただ彼は、環境問題のグローバル化については、重層的コミュニティ論をいまだ支持している。彼はいう。「たとえ経済的な分権化がグローバル経済を監督する責任から国連を自由にするとしても、……他の問題がいっそうグローバルになりつつある。このことはとくに環境問題に当てはまる。二酸化

炭素、オゾン、酸性雨、種の絶滅、海洋の利用は、地方レベルでも、国家レベルでも、それだけでは扱い得ない。諸国家は、迫りつつある恐怖を緩和するという困難な仕事に取り組むため、人間コミュニティの包括的なコミュニティ (inclusive community) に十分な権力を与えなければならない」(Daly and Cobb [1994] p.178)。

その場合、例えば、現実世界における地球温暖化防止国際交渉の過程を念頭に置けば、デイリーの重層的コミュニティ論は、少なくとも次のような疑問に答える必要がある。第1に、意思決定の問題である。デイリーによる「最適規模とコミュニティの経済学」は、規模の問題を市場に委ねるのではなく、コミュニティによる公共的意思決定によって処理することを主張する。それは、当該の環境問題が、国家や地域社会など既存のコミュニティによって処理できる場合には可能であろう。しかし、地球温暖化問題などの場合に求められる、グローバルな規模での公共的意思決定は本当に可能なのか、という点が問題にならざるを得ない。第2に、グローバルな環境問題と用具的市場観の関連である。デイリーが、環境問題を解決するための用具として、排出権取引に代表される市場アプローチを積極的に評価していることは、先にみた通りである。しかし、市場は本来グローバルなものである。CO_2排出権取引市場も、イギリスやデンマークなどで先行している国内市場にとどまらず、EUの排出権取引市場や共同実施・クリーン開発メカニズムの利用にみられるように、まさに国際市場として発展しようとしている。こうした排出権市場の現状と、彼の分権的・地域主義的なコミュニティ観・市場観が、どのように整合しているかが、あらためて問われるのである。しかし、彼の議論からは、これらの点に関する説得力ある説明を見出すことはできない。

ここで問われているのは、「コモンズのスケール・アップ問題」と呼ぶべき問題である。一般に、コミュニティ・アプローチないしコモンズ・アプローチは、小規模の資源を管理するのに適合的な方式である。コモンズのスケール・アップ問題とは、この方式を、リージョナルないしグローバルな環境資源の保護に適用することの可能性をめぐる問題であるが、この点に関して

は、否定的な見解を有する論者が多いように思われる。地球環境を、グローバル・コモンズとしていかに管理するか——その可能性と具体的な構想を提示することが、コモンズ環境主義には問われているのである。

おわりに　コモンズ環境主義としてのデイリー理論の意義と限界

　本章では、環境財政論に関する理論的考察の一環として、デイリーによる「最適規模とコミュニティの経済学」を取り上げ、その内容と政策論的含意について検討してきた。最後に、以上を2点にわたり総括して、本章の結語に代えたいと思う。

　第1に、環境経済学におけるデイリー理論の位置づけと意義に関してである。第1節で述べたように、デイリーの理論は「物質代謝論アプローチ」に属するものであるが、従来このアプローチの最大の欠陥は、政策論の領域にあったといえる。すなわち、玉野井芳郎の議論に端的に現れていたように、近代以前の農村型社会の原理をもって、近代以降の都市型工業社会の原理を批判するというそのスタンスが、同アプローチによる具体的かつ現実的な政策提言を困難にしてきたのである。これに対して、デイリーは、生態系の有限性や地域社会の重視という同アプローチの特徴を受け継ぎつつ、前者を経済の最適規模の問題として、また後者をコミュニティによる最適規模に関する社会的意思決定の問題として定式化することにより、物質代謝論アプローチに政策論としてのリアリティを与えることに成功した。また、理論的にも、資源配分の問題と規模の問題を峻別するその視点は、物質代謝論アプローチがめざしてきた、「狭義の経済学」から「広義の経済学」への経済学の転換というプロジェクトに、具体的なイメージを与えるものである。

　おそらく、こうした成果を可能にした大きな要因の1つは、20世紀末における地球環境問題のクローズ・アップであろう。伝統的な産業公害の問題とは異なり、地球環境問題は、経済の規模の問題、そして地球の環境容量の問

題という、総量的な問題にわれわれをいやおうなく直面させる。地球環境問題が、産業公害の時代にはなかったリアリティを物質代謝論アプローチに与えたのである。その意味でデイリーの「最適規模とコミュニティの経済学」は、まさに「地球環境時代の物質代謝論アプローチ」ということができよう。

　第2に、環境財政論に対してデイリー理論が有する含意である。デイリー理論は、コミュニティによる環境管理を重視する点、また市場をコミュニティの用具と位置づけている点において、明らかにコモンズ環境主義の潮流に属するものである。一般に経済学におけるコミュニティ論は、公正や平等など、分配問題に関して論じられることが多いのであるが、デイリーのユニークな点は、コミュニティを経済規模を管理するための社会的意思決定の問題に関連づけたことにある。彼の議論に従えば、コモンズ・アプローチの最大の魅力は、規模の問題を捉えるその能力にある。さらに彼はこうした視点から、コモンズ環境主義が、排出権取引を「制限市場型」として自己の政策体系に取り込み得ることを示した。

　しかし一方で、デイリーの「最適規模とコミュニティの経済学」は、グローバル・コモンズの管理構想として難点があることは、本論でみた通りである。デイリーの「コミュニティのコミュニティ」構想は、そもそも、ナショナルなコミュニティの国際的な連邦という、ブレトン・ウッズ体制のモデルに依拠している。したがって、この構想自体が、グローバルなコミュニティを形成するための基盤として、国民国家の枠組を前提としているのである。しかし、例えば地球温暖化国際交渉の現実をみれば明らかなように、国民国家の枠組に基づく重層的コミュニティ構想は、国益主義の下に十分な機能を発揮できないでいる。これは、デイリーの「最適規模とコミュニティの経済学」が、コモンズ環境主義の理論として、反国家主義の立場を徹底していないことを意味していると思われる。こうした問題をコモンズ環境主義がどのように考えるべきかについては、次章で改めて論ずることにしたい。

第6章 注

（1）逆にいえば、定常状態は「GDPのゼロ成長」と考えられるべきではない。GDPの増大は、「発展」を表現している場合もあれば、「成長」を表現している場合もある。定常経済・成長経済は、GDPとは位相を全く異にする概念なのである。

（2）植田他［1991］p.20を参照。なお、エコロジー経済学の概略については、工藤［2002］も参照。

（3）玉野井理論の以上の要約は、植田他［1991］における寺西俊一の整理（第1章、第2章）を参照している。

（4）ただし、デイリーは労働課税から資源・廃棄物課税への大規模な課税重心の転換をめざす「タックス・シフト」については、肯定的に捉えている。例えば次のような記述を参照。「経済学者は、ピグー税の計算と賦課（限界私的費用に加えられたとき、限界社会的費用と等しくなるような税）によって、あるいはコース的な所有権の再定義（公的所有であり市場で評価されなかった価値が、私的所有となり、その価値がその新しい所有者によって保護される）によって、外部費用を内部化することを長いこと提唱してきた。これらの解法は理論的にはエレガントであるが、実践にはしばしば極めて難しい。それよりキレはないがはるかに運用可能な用具は、単にわれわれの課税ベースを労働と所得からスループットにシフトさせることである。……課税ベースをスループットにシフトさせることは、より大きなスループット効率を誘発し、そして自然の減耗と汚染の外部性を総体として鈍いやり方ではあるが内部化する」（Daly［1999］p.64）。本論でも述べたように、経済の規模は「人口×一人当り資源使用量」によって定義されるが、タックス・シフト政策はそのうち「一人当り資源使用量」に働きかけることによって、経済の規模を制御しようとするものであり、この点がデイリーによる肯定的評価の理由となっているのであろう。

（5）ロザンヴァロン［1989］はこの点について次のように述べている。「経済的自由主義の誕生は……まず第一に、社会契約の政治理論家たちが解決しなかった問題にたいする答えとして理解すべきものなのである。……経済的自由主義の確立は、みずからにたいして直接無媒介の関係にたち、自己調節される市民社会といったものを実現したいという渇望を表すものだ。言葉の強い意味で非政治的なこうした展望は、市場社会を新しい社会観の理

想型に据える。(経済だけでなく)社会を真に調節するのは、(政治的な)契約ではなく、(経済的な)市場のほうなのである」(ロザンヴァロン[1989] pp. 4-5、傍点原文)。彼はアダム・スミス以来の経済学の根底に、「政治を不要とする直接無媒介の世界」という考え方をみる。「経済イデオロギーの誕生、確立における中心問題は……社会的調和の実現が可能な唯一の空間としての経済的社会に、社会全体を(還元でなく)到達させようとするものなのだ……スミスにとって経済は、政治や社会調節の問題を、少なくとも本質的には、経済そのもののなかで解決するものなのである」(ロザンヴァロン[1989] pp. 79-81)。その意味では、彼にとっては、その社会主義構想において人による支配の代わりに物による統治・管理を訴えたマルクスもまた、「スミスの正統な後継者」なのである。「十八世紀の自由主義的な経済ユートピアと十九世紀の社会主義的な政治的ユートピアは、政治の廃止という理想に基盤を置いた同じ社会観を、奇妙なことに共有している」(ロザンヴァロン[1989] p. 14)。

(6) しかしデイリーは一方で、「コミュニティ」という言葉がしばしば文化的・宗教的・民族的同質性と結び付けられること、コミュニティの追求が反多元主義として機能する可能性があること、この言葉が偏狭さ、抑圧性、偏見、順応への圧力、警戒性といった否定的な含意を有していることなどを指摘している。彼はそれゆえ'society'という言葉の方がより安全で中立的かもしれないとしつつも、社会成員が共通のアイデンティティを分かち持っていることを示唆する用語として、「コミュニティ」という言葉を選好すると述べている。そして彼は、ある社会がコミュニティと呼ばれるための要件として、社会成員であることが自己同定に寄与することを必ず伴っているという先の要件の他に、以下の3点を指摘している。①その生活が支配されるような意思決定において、その成員による広範囲な参加が存在すること。②その社会が全体として成員に対する責任を負っていること。③この責任が、成員の多様な個性(diverse individuality)に対する尊重を含んでいること(Daly and Cobb[1994] pp. 168-172)。

(7) 自由市場環境主義は、ロザンヴァロンが指摘する政治の廃止と経済空間による社会調節という経済学のプロジェクトの「正統な後継者」であるが、その理論的バックボーンをなすオーストリア学派の所有権理論には、第4章で述べたように、私的所有権制度における「最初の権原設定」理論の欠

如という大きな難点が存在する。市場に対するコミュニティの根源性に関するデイリーの指摘は、このオーストリア学派所有権理論の問題点が、政治を社会から排除しようとする経済学プロジェクトの限界そのものに起因することを示唆するものである。

（8）例えば、ボールズ・ギンタス［1998］は、統治構造としてのコミュニティの限界について次のように述べている。「コミュニティの統治構造は市場と国家にとって代わるオルタナティブではない。コミュニティの特有な能力は厄介なコーディネーション問題を解決できることにあるが、そうした能力を説明する要因そのものがまたコミュニティの欠陥となるからである。注目すべきことに、構成員間の頻繁な接触や低コストの相互モニタリングを支えるのに必要とされるコミュニティの統治構造は、必然的にその範囲が小規模となる。そのためコミュニティは一国規模では相互作用をコーディネートすることはできない。ましてやグローバルな規模では言うまでもない」（ボールズ・ギンタス［1998］pp. 51-52）。

第7章 ベーシック・インカムと
「レントの経済学」

はじめに 「コモンズの経済学」から「コモンズの財政学」へ

　第1章で論じたように、今日、既存の開発中心の税財政システムを持続可能性原理に基づいて「環境保全型財政」へと再編成する「税財政のグリーン改革」が求められているが、1990年代から欧州において開始された「環境税制改革」は、税財政のグリーン改革の先駆けとなるものであった。そして、同改革を推進する上で主導的な役割を果たしたのが、「エコロジー的近代化」理論である。しかしながら、エコロジー的近代化理論は、持続可能性概念を効率概念に置き換えることによって経済成長の継続を図る、環境保全の「効率性アプローチ」に依拠するものであり、それは環境財政論の基盤理論として問題点を有するのみならず、この「効率性アプローチ」の中から、環境財政を全面的に否定する「自由市場環境主義」という思想を生み出すに至る。それゆえ環境財政論には、「効率性アプローチ」とは異なる、成長主義と効率性概念そのものを相対化する思想的・理論的基盤が不可欠である。「コモンズ環境主義」は、そのような意味で環境財政論の思想的基盤をなすべき環境主義であると私は考える。

　前章では、コモンズ環境主義の理論・政策論を構築するための第一歩として、ハーマン・デイリーの「最適規模の経済学」を取り上げた。コモンズ環境主義からするデイリー理論の最も重要な意義の1つは、従来の「資源配分」「分配」という政策領域とならんで、「規模」という独自の政策領域を確立する必要性を主張したことである。彼の「最適規模の経済学」は、「効率性アプローチ」とは明確に区別される環境保全の「持続可能性アプローチ」成立の可能性を示唆するものであり、財政学の観点からするその更なる展開と具

体化が求められる。言い換えれば、コモンズ環境主義においては、いまや「コモンズの経済学」から「コモンズの財政学」への展開が求められているといえよう。

　コモンズ環境主義の財政原理がいかにあるべきかを考察するために、本章では「ベーシック・インカム」(basic income) 構想を検討対象として取り上げる。ベーシック・インカムとは、市民権を有する個人に対して無条件に支払われる所得である。同構想は、先進国における福祉国家体制の欠陥を克服するためのオルターナティブな政策構想として近年注目されているが、生産力主義を批判的に乗り越える脱成長主義ないし「ポスト生産力主義」の政策であるという点において、同構想は環境保全の立場からも極めて興味深い論点を含んでいる。そこで本章では、ベーシック・インカム構想を環境財政の一構想として位置づけ、そのあるべき姿について検討する。以下本章ではまず第1節において、福祉国家の中心的理念である「生産力主義」とその「ポスト生産力主義」的な再編の方向性について論じ、そうした改革の有力な政策手段であるベーシック・インカムが環境財政構想として有する特徴と問題点について整理する。第2節では、前節で指摘した環境財政上の問題点を克服するためのベーシック・インカム構想のバリアントとして、ジェームス・ロバートソンの提唱するベーシック・インカムと資源・環境課税を結合させる環境財政構想を検討する。最後に第3節では、ベーシック・インカムと排出権取引を結合させた構想について触れる。以上を通じて、ベーシック・インカム構想が「コモンズの財政学」に対して有する含意を明らかにしたい。

第1節　社会権型ベーシック・インカム

（1）ポスト生産力主義による福祉国家の再編

　周知のように、先進国ではとりわけ1980年代以降、福祉国家体制が様々な立場からの批判にさらされてきたのであるが、福祉国家に対するエコロジストの批判の独自性は、その成長主義ないし「生産力主義」(productivism) に

対する批判にある。生産力主義とは、あらゆるものを生産性向上への寄与度に応じて評価しようとする立場である。生産力主義の下では、経済的価値が道徳的・美的・感情的・自然的価値などその他の社会的価値よりも優先される。また、福祉国家体制において生産力主義と補完的な関係にあるのが「雇用倫理」(employment ethic) である。その下では、「雇用」すなわちフォーマルな労働市場における賃金稼得活動が、インフォーマルな労働、ひいてはあらゆる人間活動の形態よりも高く評価される。生産力主義において「雇用」が重視されるのは、それが生産性向上実現の基本的手段と考えられているからである。通常フォーマルな労働の方がインフォーマルな労働よりも分業化・専門化の進展度や資本による労働の代替の可能性が大きいことが、それを現している (Fitzpatrick [2003] pp. 96-97)。

このように、生産力主義と雇用倫理は、福祉国家の「生産力モデル」(productivist model) を構成する中心的要素となっている。両者の関連を分かりやすく整理したのが、グッディンによる福祉と就労の定式化である。彼によれば、自由主義的福祉体制のスローガンは、「福祉なき就労」(work, not welfare) であり、人々は労働市場において自分の生計を立て、公的福祉プログラムは残余の手当としてのみ支給されることが想定されている。コーポラティスト的福祉体制のスローガンは「就労を通じた福祉」(welfare though work) であり、そこでは家族の受給資格が、(典型的には男性の) 稼ぎ手とその雇用者が社会保障スキームに対して行なう負担に基づいている。また社会民主主義的福祉体制のスローガンは「福祉と就労」(welfare and work) である。この体制下では、福祉給付は市民の権利として扱われるが、市民は可能な場合には生産的寄与を行なう責任を有している。このように、福祉国家はその型の如何にかかわらず全て「生産力主義的」であり、「就労なくして福祉はありえない」というアプリオリの論理を有している (Goodin [2001] pp. 13-14)。

そして現在、先進諸国における福祉国家の再編過程は、総じて生産力主義と雇用倫理の重要性を再確認し、それらを強化する方向でなされている。福

祉分野における代表的な政策としては、福祉の受給資格として就労を強く打ち出し、就労支援を通じて「就労なき福祉」からの脱却をめざす「ワークフェア」(workfare) が挙げられる。ギデンズが提唱したワークフェアに基づく福祉国家再編構想である「第三の道」は、社会民主主義の新しい福祉国家のあり方として欧州各国に広まり、またアジアにおいても、例えば韓国において「第三の道」の受容に基づく「生産的福祉」が提起されている（宮本 [2004] pp. 215-217)。同様の傾向は、環境保全の分野にもみられる。環境分野における生産力主義的政策の代表的事例が、本書の第1章で述べた「エコロジー的近代化」である。エコロジー的近代化理論の特徴である、脱近代化・脱産業化に対する「超産業化」の提示、エコロジー的合理性の経済効率的解釈、「経済のエコロジー化」と「エコロジーの経済化」の不可分性、科学技術の中心的役割、経済と市場のダイナミズムの重視といった諸点は、同理論に基づく環境改革が生産力主義の潮流にあることを明らかに示している。このように生産力主義は、新自由主義的体制のみならず、理念的にはほんらい市場原理を相対化する立場に立つべき社会民主主義体制においても、福祉国家再編の原理の主流をなしているのである。

　そこで、福祉国家の改革・再編として、福祉と就労の関係を完全に切り離す「ポスト生産力主義」(post-productivism) に基づく改革の方向性が考えられる。グッディンの言葉によれば、そのスローガンは「就労なき福祉」(welfare without work) である。ポスト生産力主義的福祉においては、人々の受給資格は彼らの雇用関係への参加とは厳密に独立である。それは「寛大な社会給付と就労要求への緩やかな態度」を結びつけるものであり、また自由主義、コーポラティズム、社会民主主義の中心価値がそれぞれ効率、安定、平等であるのに対して、ポスト生産力主義の中心価値は「自律」(autonomy) であるとグッディンは述べている (Goodin [2001] pp. 15-18)。そして、そうしたポスト生産力主義的な改革構想を実現する上で重要な政策手段の1つが、ベーシック・インカムなのである。

　同政策の代表的論者の1人であるヴァン・パライスによれば、ベーシック・

インカムとは「政治的共同体により、その全ての成員に対して個人ベースで、ミーンズ・テストや就労要求なしに支払われる所得」と定義され、社会各成員に対して、その人間の貧富、家族や同居者の有無、そして労働意欲の有無などにかかわらず、単一水準で定期的に政府によって支払われる（Van Parijs [2002]、Van Parijs [2006] p.4）。このように、他の所得保障スキームに対するベーシック・インカムの最大の特徴は、その普遍性（universality）ないし無条件性（unconditionality）にある。所得保障給付の条件に正規労働市場への参加を求めておらず、前述の「雇用倫理」を重視していない点で、ベーシック・インカムは、明らかにポスト生産力主義的な志向性を有している[2]。ここに、多くのエコロジストがベーシック・インカムに注目する理由がある。

（2）環境財政構想としてのベーシック・インカムとその問題点

それでは、ベーシック・インカムは環境財政としてふさわしい構想であろうか。一般に、エコロジストにとってベーシック・インカムには以下の利点があるとされる。第1に、ベーシック・インカムには、経済成長の鈍化を促進する潜在能力がある。福祉国家においては、困窮者を富裕者からのゼロサム的再分配によってではなく、経済成長による国富ストックの増大によって助けるべきであるという再分配の生産力主義的解釈が、その成長を促進する要因となった。無条件的に給付されるベーシック・インカムは、GDP成長の理論的根拠を弱め、また雇用倫理を弱体化させることによって、成長と福祉の結びつきを切断することができる。第2に、ベーシック・インカムは、「共有の倫理」（an ethic of common ownership）を具現化する。すでに17世紀にベーシック・インカムと類似の構想を擁護していたトマス・ペインは、私的所有の経済システムは全員で共有していたものを収用することになるため、これに対する何らかの補償が必要となると論じ、国民基金の創設による一時金・市民年金の支給を主張した。これは、地球資源は共有であり、この共有から生ずる富の一定部分が、無条件に分配されるべきであることを意味する。第3に、ベーシック・インカムは、労働の柔軟性を高める。ベーシッ

ク・インカムは貧困と失業の罠を軽減・除去できるので、パートタイム労働や低賃金労働がより魅力的となり、人々の選択の幅を広げ、利用可能な職の再分配が容易になる（フィッツパトリック［1999］pp. 213-217）。

　以上の点、とくに第1・第2の利点がもし上述の通りの有効性を有するものならば、ベーシック・インカムはコモンズ環境主義にとっても非常に魅力的なものである。しかし、利点とされるこれらの要因を仔細に検討すると、必ずしもそうとは言えないことがわかる。まずベーシック・インカムの成長抑制機能であるが、基本的な問題点は、この機能が人々の正規労働市場からの離脱によって実現されると考えられている点である。このことは、エコロジストにとって、少なくとも次のような問題を引き起こす。第1に、労働市場から退出した人々の活動が、環境保全的である保証が全くないことである。第2に、ベーシック・インカムの財源を調達するためには高水準の物質的な豊かさが必要であり、それがエコロジストの反物質主義と矛盾する。この矛盾は、ベーシック・インカムの導入によって労働市場から人々が退出すればするほど深刻化する恐れがある（フィッツパトリック［1999］pp. 217-220）。すなわち、「福祉と就労との関係を断ち切る」というのは、個人への給付根拠論としてそうなのであって、マクロの財政論としてはいまだ両者の関係を「断ち切る」ことができないことを意味している。

　この問題は、つまるところ、ベーシック・インカム論者が想定する「ポスト生産力主義」の規定内容に起因すると考えられる。というのは、先述のグッディンの規定にも明らかなように、ベーシック・インカム論者の「ポスト生産力主義」には、環境保全の理念は直接的には含まれておらず、その環境効果はあくまでも副次的なものにとどまっているからである。ベーシック・インカム論者の反成長戦略は、福祉と就労との関係の切断を通じて、いいかえれば、労働力の「脱商品化」（decommodification）を通じて成長抑制を行おうとするものであった。確かに、労働力の脱商品化とそれによる労働の自律性の高まりによって、生産力主義と雇用倫理に基づく成長衝動や労働のオーバーワーク性が緩和され、結果的に成長抑制効果をもたらす可能性がある

ことは否定できない。しかし同時に、自律性の論理のみによってそれらを実現しようとするのには無理があるように思われる。ベーシック・インカム論者の「ポスト生産力主義」概念に、持続可能性の論理をより明示的に盛り込む必要があるのである。

また、ベーシック・インカムがもたらすとされる「共有の倫理」についても、その具現化には問題があるように思われる。このことは、ベーシック・インカムに関する初期の議論と現在のそれとを比較することによって明らかになる。例えば、ジョン・スチュアート・ミルはその主著『経済学原理』の中で、フーリエ主義に共感を示し次のようにベーシック・インカムに類似の提案を行っている。「生産物の分配の際には、まず第一に、労働のできる人にもできない人にも、ともに一定の最小限度の生活資料だけはこれを割り当てる。そしてその余りの生産物は、あらかじめ決定しておいたある割合をもって、労働、資本および才能の三要素へ割り当てる」(ミル [1848] p.34)。この引用文にも明らかなように、共有思想のより明確な初期のベーシック・インカム構想にあっては、分配に対する考え方が現在とは全く異なっていることがわかる。[3] すなわち初期のベーシック・インカム構想においては、生産物はコミュニティ全体のものであり、そこからまずコミュニティ成員の平等の取り分を控除した後、その残りを生産への貢献に応じて成員間でシェアするという考え方をとっている。これに対して、私的所有を前提とする現代市場経済では、ベーシック・インカムは生産物の私的取得を前提とした上で、その再分配を行うという形をとらざるを得ない。それゆえ、正規労働市場の外部に存在する人々の受給するベーシック・インカムは、根拠のない請求権のように見えるのである。

以上のことは、また次のようにもいうことができる。いま、共有資源としての環境資源に対する社会成員の平等な請求権のことを「環境権」(the right to environment) と呼ぶならば、初期構想は、ベーシック・インカムを通じて人々の環境権を実現する構想である。一方、現代のベーシック・インカム構想は、その普遍的・無条件的性格にも明らかなように、再分配政策

による「社会権」の実現を徹底させたものであり、したがって「社会権型」ベーシック・インカムと規定することができる。このように、そもそも性格の異なる両者を一体化し、社会権という政治的共同体の論理に環境権という所有（共有）の論理を接木するのには明らかに無理がある。環境権は社会権の延長線上にはないのである。

　以上の検討から明らかなように、ベーシック・インカムがコモンズ環境主義の環境財政構想として有効たりうるためには、少なくとも次の2点が必要であると思われる。第1に、ベーシック・インカム論者の掲げる「ポスト生産力主義」を、持続可能性の論理をふまえた概念として再構成することである(4)。第2に、ベーシック・インカムを社会権ではなく環境権によって基礎づけることである。

第2節　環境権型ベーシック・インカム

（1）共有資源とレントの経済学

　前節でみたように、ベーシック・インカムの成長抑制機能や共有倫理の具現化には限界がある。しかしそれは、ポスト生産力主義の政策として、ベーシック・インカムの必要性そのものが否定されることを意味しているわけではない。ベーシック・インカム単独では持続可能性原理の実現が困難であるとしても、同政策を含む「緑の政策のパッケージ(5)」によって、それが実現される可能性があるからである。

　ベーシック・インカムと環境税の結合の必要性を主張するジェームス・ロバートソンの議論は、その意味で注目すべきものである。彼は、持続可能で「人間中心」(people-centred)の経済モデルを実現するための施策の1つとして(6)、税制改革を挙げる。それは、①「環境税制改革」(ecotax reform) の実施、②「土地用地価値税」(land site-value tax) による既存税のさらなる置換、③「市民所得」(Citizen's Income) の導入、の3つの政策からなる。このうち「環境税制改革」は、雇用・所得・貯蓄から資源劣化・環境破壊をも

たらす活動へのタックス・シフトを意味し、「市民所得」はこれまで論じてきたベーシック・インカムに相当する。また「土地用地価値税」とは、土地の年間賃貸用地価値に課税するものである。以上をひとつの政策パッケージとして提示するロバートソンの構想は、コモンズ環境主義の見地からみて極めて興味深い（以下の記述は、主にRobertson [2002]、[2003]、[2005] による）。

　彼の構想の特徴は、第1に、経済主体による資源利用や汚染・環境破壊行為を、共有資源である環境の利用を通じた「レント」の獲得行為と考えることである。彼は次のように述べている。「原則的には、人々や組織は彼らが享受するあらゆる種類の『コモンズ』、すなわちそれを所有しそれを利用する人々の仕事や努力によってではなく、自然や社会全体によってつくられてきた資源や価値からの便益に対して、社会に支払うべきではないのか。人々は、コモン・プールから控除した価値に対して支払うべきではないのか」(Robertson [2005] p.48)。ここでは「レント」概念が、自然や社会全体が生み出した「コモンズ」の価値を、ある経済主体が私的に獲得したものと規定されている。この考え方の下では、汚染税や廃棄物税といった税も、汚染物質や廃棄物を吸収する環境の「同化能力」の利用に対して支払われる税として、エネルギー税や水道料金などと同様の資源税の一種とみなされる。[7]

　第2に、ロバートソンの環境財政構想における土地課税の位置づけである。彼の言う土地の「用地価値」(site-value) とは、「ある特定の土地区画が、そこに建設や改良がなかった場合に有するであろう賃貸価値」(Robertson [2005] p.48) を意味する。彼によれば、このような用地価値は、課税を通じて社会的にシェアされなければならない。その理由について、彼は次のように説明する。「共有資源は、その価値が個々の人々や組織の努力・技能に負うのではなく、自然および社会全体の活動と需要に負うような資源である。土地はその明らかな一例である。ある特定の土地用地の価値は、そこに建てられた物の価値を除いて、ほぼ全てがそれを取り巻く社会の活動と計画によって決定される。例えば、ロンドン地下ジュビリー線のルートが発表されると、そのルートの沿線の資産価値が跳ね上がる。そこへのアクセスが大幅に

改善する。それゆえ、公的政策の結果として、資産の所有者は、130億ポンドのたなぼたの金銭的利得を受け取るのである。彼らはそのために何もしていない。彼らはそのために何も支払ってはいない。彼らは巨大なフリー・ランチを与えられたのである」(Robertson [2003] p.8)。以上から明らかなように、土地の「用地価値税」とは、開発行為による土地価格の値上り益を課税によって公的財政に吸収する、いわゆる「開発利益の社会還元」のことを意味している。ロバートソンの環境財政構想では、開発利益がレントのもう1つの重要な形態として捉えられているのである。一般に、土地の私有制度を基盤とする市場経済においては、開発利益の私的取得・独占が経済主体に開発へのインセンティブを与える大きな動力となっている。その意味で開発利益の社会還元は、ロバートソンの構想における独自の成長抑制機能である。

　第3に、上述のような資源・環境利用の理解は、環境税の理論的内容や課税原則のあり方にも変更をせまる。従来、環境課税の一般的な原理は「汚染者負担原則」であった。汚染者負担原則は、他者や社会全体に押し付けられた環境被害の「外部化された」コストを「内部化」し、汚染者に支払わせるべきであるという原則であるが、この場合環境税は、同原則に基づき汚染者に外部コストを支払わせるための方法とみなされている。これに対してロバートソンの構想においては、環境税とは、人々が自然・社会資源の利用によって獲得した「レント」を社会に還元する手段である。すなわち環境税を「レント課税」(rental taxation) と規定するのである。その政策の方向性は全く逆である。汚染者負担原則では、現状では外部化され、公的に負担されている費用が、内部化され、私的に負担されなければならない。一方、レント課税の下では、現状では内部化され、私的に享受されている便益が、外部化され、公的に享受されなければならないとされるのである。彼はまた、環境税制改革におけるタックス・シフトについても、土地その他天然資源のレントを「社会化」し（つまり課税し）、賃金や貯蓄を「私有化」する（課税しない）政策であると規定している。ロバートソンによれば、こうしたレント課税の考え方は、①土地利用、②エネルギー利用、③汚染と廃棄物を吸収す

る環境容量の利用、④混雑・飛行機の離発着・人工衛星などの空間の利用、⑤取水・交通（運河・河川・海洋）などの水利用、⑥電磁周波数域の利用、⑦遺伝子資源の利用、⑧貨幣制度の利用などに適用が可能である。

　第4に、環境税を共有資源のレントに対する課税として位置づけ、ベーシック・インカムの財源に充当することにより、ベーシック・インカム自身の性格もまた変化する。従来型のベーシック・インカムは、再分配政策の無条件性・普遍性を徹底させたものであり、経済活動の結果を事後的に矯正することがめざされている。これに対して資源・環境課税に基づくベーシック・インカムは、共有資源の価値の平等なシェアリングを通じて、再分配政策が有する依存性を回避しながら、人々をエンパワーすることがめざされる。ロバートソンはこうした戦略を福祉国家の「再分配」(re-distribution) 政策と対比させて、「事前分配」(pre-distribution) と呼んだ[9]。そして彼は、「事前分配」政策の実施を通じて、「共有資源の価値を分かち合う権利と引き換えに、人々は、自分自身、自分の家族、隣人、社会の福利のためにより大きな責任を引き受けるようになる」と主張する (Robertson [2002] p. 202)。つまりレント課税とベーシック・インカムの結合によって、「コモンズ感覚」とでも呼ぶべき共有と連帯の感覚が市民の間に涵養されるというのである。

　以上みてきたように、ロバートソンによる環境財政構想の独自性は、環境税、資源税、ベーシック・インカムというこれまで個別に発展・提唱してきた諸政策を、「レント」の概念を通じて統一的に再編成しようとしている点にある。共有論理とレント概念を通じて新しい経済学の構築をめざすロバートソンの議論は、「レントの経済学」(economics of rent) ないし「共有資源とレントの経済学」と呼ぶにふさわしいものである。

　それでは、ロバートソンの構想は、環境財政論の立場からどのように評価されるものであろうか。前節で提示した、市民の社会権を保障するための「再分配」政策たる「社会権型」ベーシック・インカムに対して、彼の提示する改革構想は、「環境権型」ベーシック・インカムと規定することができよう。それは、環境税・資源税などのレント課税を給付の財源とし、市民の

環境権の実現・具体化としての「事前分配」政策という性格を有している。このベーシック・インカムの2つのバリアントを比較すると、社会権型ベーシック・インカムは、その無条件的給付を正当化する根拠の提示の困難に加えて、ポスト生産力主義の実現を労働力の脱商品化そのものを通じて行おうとしている点に、環境財政としての難点がある。一方、環境権型ベーシック・インカムは、環境税との結合による環境保全のインセンティブに加えて、その支払いの根拠をコモンズの共有性に置いているため給付根拠論の難点を免れており、さらに市民の「コモンズ感覚」を涵養する点において、環境財政構想として優れているように思われる。

また、環境権型ベーシック・インカムは、第1章で論じたエコロジー的近代化理論に基づく「環境税制改革」の代替構想にもなっている。それは課税および財政支出における「機能論的アプローチ」から「権利論アプローチ」への転換である。すなわちまず課税面においては、環境権型ベーシック・インカムは環境税制改革の「バッズ課税」を「レント課税」と位置づけ直すことによって、環境・資源課税を経済活動に対する国家主義的介入と解釈されることを回避している。次に支出面においては、環境・資源税を「レントの外部化」と位置づけたことにより、税収に対する市民の平等な請求権が発生し、「グッズ減税」が「ベーシック・インカム」へと転化する。そのため、環境税制改革の「二重の配当」原理における成長・雇用重視という生産力主義的な機能が弱められるとともに、ベーシック・インカムの機能を通じて雇用倫理の作用が弱められ、人間活動がより大きな自律性を獲得することが期待される。[10]

（2）グローバル・ベーシック・インカム構想

これまでロバートソンによる環境財政構想をみてきたが、彼はさらに同構想をグローバルな規模に発展させた「グローバル・ベーシック・インカム」構想についても論じている。本節では、この構想についても簡単に触れておくことにする。

近年、グローバリゼーションの進展に伴い、グローバルな目的のためのファイナンスのスキームを創設する必要が高まっている。例えば、国連やその他グローバル・ガバナンス機関の資金供給もそういった必要性の1つである。ロバートソンの唱える「グローバル・ベーシック・インカム」構想は、そうした必要性に応えるものである。この構想では、各国は、その「グローバル・コモンズ」に対する需要に応じて、すなわち、汚染と廃棄物を吸収するグローバルなキャパシティを含む共有の世界資源の利用に応じて課税される。この基準を満たす可能なグローバル税には、①海洋漁業、海底採掘、海上航路、航空路、宇宙、電磁周波数域のような国際的資源の利用に対する税・課徴金、②CO_2やCFCsの排出、油流出、廃棄物の海洋投棄、その他の海洋・大気汚染のように、グローバルな環境に汚染や損害を与えたり、国境を越えて（あるいはその外で）害を生み出す活動に対する税・課徴金、③軍事支出と武器取引に対する課税、④国民経済の自立（self-reliance）に対する世界規模でのインセンティブを与えるために設計された、世界貿易に対する課税、⑤国際的な為替取引に対する課税、などがある。その収入は、国連レベルの基金に蓄積され、収入の一定比率がその人口規模に応じて全ての国に分配される。この分配金は、グローバル資源の価値の平等なシェアに基づく「グローバル市民所得」に対する、世界のあらゆる人々の権利を反映するものである。また収入の残りは、国際平和維持プログラムを含む国連支出のファイナンスに用いられる。ロバートソンは、こうしたアプローチを通じて、世界規模での持続可能な発展の促進、国連の収入源の創出、開発途上国に対する財政移転の提供、途上国の債務問題の解決、人々の世界市民としての認識の促進、グローバル化に伴う不公正な感覚の減少によるグローバル安全保障への貢献、といったことが可能になると論じている（Robertson [2005] pp. 84-85）。

　以上がロバートソンによる「グローバル・ベーシック・インカム」構想の骨子であるが、共有資源とレント課税の論理をグローバルなレベルに適用した大胆な構想であるといえよう。本構想については、さしあたり次の2点を指摘しておきたい。第1に、本構想にみられるレント課税の論理が、先進国・

途上国の国際関係に有する含意である。ロバートソンが論ずるように、国連の財政拠出が現状のように加盟国の国富と国民所得に基づくならば、財政的貢献の大きい先進国の権利と、途上国の利害を公正に代表させる権利とをどのようにバランスさせるかという問題が生ずるが、レント課税はこうした問題をある程度回避することができる。というのは、先進国から途上国へのかなりの額の資金移転を、途上国の権利として、すなわち高消費・高汚染の先進工業国から世界資源の不均等な利用に対する「レント」支払いとして提供することが可能となるからである（Robertson [2005] pp. 84-85）。こうしたレント課税と事前分配論理の国際的な適用は、地球環境問題において常に問題となる「先進国責任論」を根拠づける論理ともなりうる。

　第2に、本構想が国家主権に対して有する含意である。本構想が提唱するグローバルなレント課税には、国家主権に対してグローバル・コモンズ保全の立場から制約を加えようとするものが多く含まれている。上記のグローバル課税の中では、①〜③がそうした性格を有する税であり、とくに③の軍事活動に対する税は、国家の交戦権という最も基本的な権利を制約するものとなっている。その意味でグローバル・ベーシック・インカム構想は、「反国家主義」の側面が強い構想であるということができる。さらに、ロバートソンは明示的に触れていないが、こうしたレント課税の解釈をグローバルな規模に拡大適用するならば、現在では当然視されている資源の国家主権に対しても、大きな影響を与えることになるかも知れない。例えば、今後世界経済の成長に伴い原油高に代表される資源インフレが一層昂進すれば、次節で論ずる資源の稀少化から生ずる「稀少レント」を、オイルマネーに潤う資源国から回収すべきである、という考えが生ずる可能性もある。

　このように、「レントの経済学」には、国民国家の交戦権や資源主権に対する否定という形で、国家主権に対する巨大な否定力として現れる潜在力を有しているといえよう。

第3節　所有権型ベーシック・インカム

　以上みてきたロバートソンの「環境権型ベーシック・インカム」は、ベーシック・インカムを環境・資源課税と結合することにより、持続可能性の論理をベーシック・インカムの中に内包させようとするものであった。ところで、ベーシック・インカムに持続可能性の論理を組み込むには、もう1つの方法が考えられる。それは、ベーシック・インカムを排出権取引制度と結合することである。

　そうした構想には、メイヤーの「収縮・収斂」構想（Meyer [2000]）、ヘースケンスの「地球配当」構想（Heeskens [2005]）、バーネスの「スカイ・トラスト」構想（Barnes [2001]）などがある。メイヤーの「収縮・収斂」(Contraction & Convergence) 構想は、温室効果ガスによる気候変動問題を克服するための構想であるが、まず、大気中におけるCO_2の持続可能な量と、現在のグローバルな排出量がその目標に低下するまでの期限が定められる。そして各国に対して、目標を達成するためにCO_2の排出量が、その人口に応じて毎年割り当てられるというものである。また、ヘースケンスの「地球配当」(earth dividend) 構想では、はじめに人々が自然資源の平等なステークホルダーとして、その持分を表示する証明書を受取る。[11]生産のために自然資源を必要とする企業は、それらの証明書を購入しなければならず、自然資源の価値はこのようにして需要と供給によって決定される。自然資源の利用可能量は、科学者と政治家によって毎年定められる。

　アメリカのCO_2削減構想として提示されているバーネスの「スカイ・トラスト」(Sky Trust)[12]構想は、これらの構想の中でもとくに精緻に組み立てられた構想であり、幾つかの興味深い論点を含んでいる。この構想は、2つの構成要素から成り立っている。第1に、取引可能な炭素排出許可証である。おのおのの炭素排出許可証は、グローバルな大気のアメリカの持分に炭素1トンを蓄える権利を表すものである。これらの許可証は、少なくとも毎年、

化石燃料をアメリカ経済にもたらすエクソン・モービルなど全米およそ2000の会社に対して販売される。つまり、実際の排出者である下流の化石燃料のエンド・ユーザーではなく、経済に炭素を持ち込む上流の「ファースト・ユーザー」に対して販売されるのである。これら「炭素連鎖」の頂点にいる企業は、自己の必要を満たすため炭素排出許可証を売買し、毎年末には、その1年間に経済にもたらした排出炭素を全てカバーするのに十分な許可証を有していなければならない。スカイ・トラストの第2の構成要素は、配当の支払いを行うトラストである。スカイ・トラストの持分は、市民権の一部をなす譲渡不可能な生得権であり、トラストは炭素排出許可証の売却益を配当として市民に支払う。このように、スカイ・トラスト構想では、初期排出権はトラストに与えられ、トラストは定期的にそれらを汚染者に売却し、その収入を全市民に平等に分配する。これらを通じて、スカイ・トラストは市民制度 (civic institution) として自然資産の共有を体現する。スカイ・トラストはまた、一種のミューチュアル・ファンドでもある。全てのミューチュアル・ファンドと同様、スカイ・トラストは出資者によって所有され、その収入を一株ごとに平等に分配する。しかし、個人の所有できる持分に制限のない普通のミューチュアル・ファンドとは異なり、スカイ・トラストの持分は売買できず個人はその一口を所有できるだけである (Barnes [2001] pp. 55-63)。

　これらの構想は、資源の共有の原則に基づき、排出権や資源利用権など資源に対する権利の市民への平等な配分によって、ベーシック・インカムの要求する普遍的・無条件的な市民への給付を実現しようとしている。その意味で、これらの構想を「所有権型」ベーシック・インカムと呼ぶことができるであろう。

　所有権型ベーシック・インカムは、次のような特徴を有している。第1に、その非国家的性格である。これは、前節で述べた環境権型ベーシック・インカムとの対比においてとくに重要な点である。まず、所有権型ベーシック・インカムにおける対市民給付は、税を財源としていない。とくに地球配当構想の場合には、排出権を必要とする企業から市民に対する購入という形で、

国家財政を経由せずに直接支払われることになっている。次に、トラスト形式の有する非政府的性格がある。ボライアは、「公共資産」(public assets)と「共有資産」(common assets)を区別し、①後者の方が政府ではなく人民が「公共資産」の正当な所有者・受益者であることを強調しており、②後者はこれらの資産を、政府とも市場とも異なる「コモンズ」という第3のセクターに結びつけていると述べている。そして、市場セクターにおける支配的制度が会社（corporation）であるのに対して、コモンズ・セクターにおける支配的制度はトラストであると述べ、政府に対するトラストの優位性として、以下の4点を指摘している。①ここ数百年の間、政府は共有資源の受託者として失敗してきており、ステークホルダーに対する資源からの便益享受の保証はさらに少なかったこと、②政府の健全な政策立案と規制遵守が、利潤最大化を求める会社によって腐敗させられてきたこと、③トラストでは意思決定がより透明であり、政府よりも容易に説明責任の遵守が可能であること、④トラストの方が政府よりも焦点を絞ったミッションを有していること（Bollier [2004] pp. 3-4, pp. 8-9）。このように、所有権型ベーシック・インカムは、環境権型ベーシック・インカムよりも、非国家主義・反国家主義の性格がより明確になっているといえる。

　所有権型ベーシック・インカムの第2の特徴は、コモンズ原理に基づいた市民に対する平等な権原の配分である。これは、第4章で論じた「最初の権原設定」の問題と関連している。そこでは、オーストリア学派の外部性理論において「最初の権原設定」すなわち誰にどのような基準で所有権を配分するのか、ということに関する論理が欠如していることを指摘した。現行の排出権取引制度では、多くの場合、過去の排出実績に応じたいわゆるグランドファザリング（grandfathering）と呼ばれる配分方法がとられているが、これは汚染者に排出権＝汚染権を付与する形になっている。これに対して所有権型ベーシック・インカムは、所有権を被汚染者たる市民＝ステークホルダーに付与し、それゆえステークホルダーのためにそれらの権利を管理・運営することができる。こうした共有と平等の原則に基づく所有権の初期配分制

度は、自由市場環境主義やオーストリア学派の外部性理論にはみられない、所有権型ベーシック・インカムの大きな特徴である。

しかし、コモンズ・セクターにこうした私的所有と市場の原理を持ち込むことは、コモンズの解体につながらないのであろうか。バーネスは、スカイ・トラスト構想がコモンズを私有化しようとしているという批判に対して、次のように答えている。トラストの実現する資源の「共同所有物」(common property) は、コモンズの（通常理解されている意味での）「私有化」とは異なる。例えばブリティッシュ・テレコムのような国営企業が「私有化」されるとは、それが事実上、公衆によって利用可能となることである。またケイトー研究所の研究者が社会保障の「私有化」という時には、長生きのリスクを「個人化」することを意味している。これに対してバーネスは、「資産化」(assetization) という概念を提示する。資産化とは、「共有の遺産を市場によって認識できる所有物の形態に転換すること」である[13]。それは、①以前は無所有の資産を誰かに属する資産に変えること、②利益をもたらす所有権をわれわれ全員に等しく割り当てること、③価格メカニズムを創設すること、④新しい所有者に配当を支払うこと、というプロセスの総体を意味する概念である。確かに、スカイ・トラストは大気の炭素吸収力を私有化し、そのことによって天空を個人の収入源に変えるという側面がある。しかし、これらの個人は自己の権利を売却できないし、資産それ自体は未来世代のためにトラストによって保持され一体的に管理される (Barnes [2001] pp. 106-107)。

所有権型ベーシック・インカムの第3の特徴は、持続可能性の論理を総排出量の制限、デイリーの言葉でいえば「規模」という形で明示的に導入している点である。おそらく、この点と密接に関わっているのが、所有権型ベーシック・インカムの「レント・リサイクル」(rent recycling) としての性格である。バーネスは、スカイ・トラストを「稀少レント」(scarcity rent) のリサイクル・マシーンであるとして、その重要性を以下のように説明する。彼によれば、「稀少レント」とは、需要の大きい財の所有者が、他の人々から「まさに稀少であるという理由で」徴収する金額のことである。例えば地主

に対して支払う地代の場合、その位置を反映した部分が稀少レントを表している。また稀少レントの存在は、私的所有の存在と密接に関連している。スカイ・トラストにおいて人々は、天空の利用者として稀少レントを支払う一方で、同時に天空の所有者として、稀少レントの持分を配当という形で回収することになる。このようにスカイ・トラストは、稀少レントのリサイクルというメカニズムを有している。

　それでは、なぜ稀少レントのリサイクルが必要なのであろうか。バーネスによれば、もし炭素排出が制限されたら、人々は消費者として、レント・リサイクルの有無にかかわらず、より高い価格を支払わなければならない。というのは、炭素排出量を制限する行為それ自体が稀少レントを生み出し、それがより高い価格となるからである。もし炭素排出量が制限されたら、その効果は化石燃料の供給を制限することと同じである。レント・リサイクルがなければ、炭素排出量の制限によるより高い価格は、1970年代のOPECと同様に、石油会社とその株主にとって「たなぼた」の利益となるであろう。しかし、レント・リサイクルが存在することによって、「たなぼた」をその正当な所有者であるわれわれ自身に戻すことが可能となるのである（Barnes [2001] p.29、p.64）。このように、レント・リサイクルは、規模概念の導入による稀少レントの発生を、ベーシック・インカムの分配機能を通じて緩和するためのメカニズムとして位置づけられている。

　以上、所有権型ベーシック・インカムの特徴をみてきたが、同構想を前節の環境権型ベーシック・インカムと比較すると、上述のトラスト形式に基づく非国家的性格や規模概念の導入の他にも、市民に対する権原の平等な配分によって「事前分配」政策がより明確に具体化されている点など、コモンズ原理および環境財政構想としてのベーシック・インカム構想が有すべき政策理念が、より徹底化されている。一方、市場の導入は資源利用企業間の排出権の売買に局限されており、コモンズの枠組みは維持されている。これらの点を考慮すると、所有権型ベーシック・インカムは、環境権型のそれよりも、コモンズ原理をより典型的に体現したもののように思われる。むしろ所有権

型ベーシック・インカムの問題点は、主にその政治的実現可能性にある。とくに「規模」の概念の明示的導入は、往々にして大きな政治的障害に直面する。その意味では、環境権型ベーシック・インカムは、所有権型ベーシック・インカムの代替的・次善的構想として位置づけられるものであろう。

おわりに 「レントの経済学」の可能性

　本章では、「コモンズの財政学」すなわちコモンズ環境主義の財政原理を構築するために、ベーシック・インカム構想を取り上げてその環境財政としての可能性を検討してきた。その過程で明らかになったのは、環境財政構想としてのベーシック・インカム、さらにはコモンズ環境主義の財政原理は、持続可能性と共有の論理を結合するものでなければならないということであった。本章の分析において、両者を媒介する中心概念としてわれわれが到達したのが「レント」の概念である。資源・環境利用を共有資源の利用に基づくレントの取得と捉えるジェームス・ロバートソンの議論は、資源税、環境税、ベーシック・インカムを統一的に編成することを可能にし、「環境権型ベーシック・インカム」と呼ぶべき共有の論理を具現化した環境財政構想を提示することに成功した。また、「所有権型ベーシック・インカム」の代表的論者であるバーネスの「スカイ・トラスト」構想は、ベーシック・インカムに「規模」という持続可能性の論理を組み込んだ構想であるが、それを可能にしたのが、規模の導入によって発生する稀少レントを天空所有者としての市民に還元するレント・リサイクルのメカニズムであった。

　社会権型ないし環境権型ベーシック・インカムを所有権型ベーシック・インカムと比較した場合、とくに重要なのは、前２者の構想においては持続可能性の論理が希薄なことである。これは社会権型・環境権型ベーシック・インカム構想が、持続可能性問題を労働力の脱商品化や開発利益の社会還元などを通じ、財政の分配機能によって対処しようとしているためである。その意味で本来ベーシック・インカム構想は、持続可能性に対する「分配アプロ

ーチ」をなすものということができる。これはエコロジー的近代化理論や自由市場環境主義が、「効率性アプローチ」に基づき、持続可能性問題を効率性の問題に置き換えて対処しようとするのと対照的である。所有権型ベーシック・インカム構想は、こうした本来的には分配アプローチとしての性格を有するベーシック・インカムに対して、共有資源や外部性の「資産化」を通じて規模と効率性の論理を導入しようとするものである。ここでは、ベーシック・インカムの分配メカニズムは、持続可能性を直接に実現するものというよりは、規模の論理の導入にともなう経済的・政治的衝突の緩和メカニズムとして位置づけられている。

　また、本章で論じてきた「レントの経済学」を、前章で取り上げたデイリーの「最適規模の経済学」と比較すると、「レントの経済学」には、「最適規模の経済学」においては希薄であった所有の論理が強く打ち出されている。おそらく、その違いが最も明瞭に現れているのが、グローバル・コモンズの管理と国家主権との関連についての問題領域であろう。前章ではこれを、「コモンズのスケール・アップ問題」として提起した。コモンズのスケール・アップ問題とは、ほんらい小規模資源管理に適したコモンズ・アプローチを、グローバルな環境管理にどのように適用するかという問題である。「最適規模の経済学」は、この問題に対して「コミュニティのコミュニティ」論すなわち重層的コミュニティ論によって対処しようとする。その問題点は、共有の論理に基づく「コモンズ」から出発しているのではなく、「コミュニティ」から問題を立てているため、国民国家の枠組みを乗り越えることが困難になることである。これに対して「レントの経済学」は、グローバルなレベルでの共有の論理を前面に打ち出すことによって、国民国家の枠組みそのものを打ち破ろうとする。ここには、コモンズ環境主義の有する「反国家主義」の側面が、最も荒々しい形で現れているのである。

　このように、「レントの経済学」は、コモンズ環境主義の財政原理を支える重要な理論的・政策論的基盤となりうるものである。レント概念の一層の分析と活用を通じた、新しい「コモンズの財政学」の構築が求められている。

第7章　注

（1）環境主義による批判は、大きく以下の2点に集約される。第1に、絶えざる経済成長の推進を求める「産業主義」の論理である。福祉国家は、経済成長を前提とする産業化体制に組み込まれており、経済成長の推進力によってその財源を確保してきた。しかし、福祉国家がその存立基盤とする終わりのない経済成長は、環境に与えるダメージが大きく、それゆえ福祉国家体制は長期にわたって存続できるような政治体制ではない。第2に、官僚主義に基づく「社会統制」の側面である。福祉国家は専門性の発展の歴史であって、福祉サービスの拡大は、市民を専門的技術の消費者へと矮小化し、人々の自立能力を失わせた（ピアソン[1991] pp. 178-184）。以上の批判のうち、後者は福祉国家体制の中央集権的・国家主義的性格に対する批判として、その限りにおいては新自由主義などによる批判と共通のベクトルを有するものである。これに対して、前者の成長主義・産業主義に対する批判は、環境主義による福祉国家批判の独自性をなすものといえる。

（2）ベーシック・インカムを含めた最低所得保障は、ポスト生産力主義に基づく代表的な改革案である。最低所得保障案は、一定の所得が事前に与えられる基本所得（basic income）案と、勤労所得額が一定以下の場合事後的に与えられる「負の所得税」（negative income tax）案に分けられる。前者は、さらに福祉を労働から完全に切り離し、全ての市民に基本所得を提供しようという無条件基本所得（unconditional basic income）案、生産労働に限定しないながらも、一定の条件（社会参加）下に基本所得を与えようという参加所得（participation income）に分けられる（新川[2004] p. 199）。なお、小沢[2004]は、ベーシック・インカム構想の簡明な全体像を知ることができる。

（3）その他、代表的な初期ベーシック・インカム構想の1つとして、トマス・ペインが『農民の正義』（1796）で主張した「国家基金」構想が挙げられる。この小論でペインは、世界は人類の共有財産であり、私的所有制によるこの共有財産の収奪の補償として、有産者は無産者に対して援助する義務を負うと主張した（フィッツパトリック[1999] pp. 47-48 を参照）。またブリュッセルのフーリエ主義者 Joseph Charlier は、1848年に国家領土の平等な所有に基づく「領土配当」（territorial dividend）を主張してい

る (Van Parijs [2000])。

(4) フィッツパトリックの「環境福祉」(ecowelfare) 構想は、そうした試みの1つである。彼は、社会的価値を経済価値へ、また労働や仕事 (work) を雇用に還元する従来型福祉国家の生産力モデルに対して、そうしたメカニズムによっては包摂しきれない少なくとも2つの要素が存在すると指摘する。それは第1にケアワーク (carework) である。ケアワークは、そのほとんどが賃金を支払われず、またそのほとんどが女性によって担われている。注意すべきは、ケアワークは明らかに経済価値を有しているが、経済価値はケアワークの「結果」であって「動機」ではない点である。われわれは未来経済の人口増加のために子供をもつわけではないし、利潤を得るために老年の身内をケアするわけでもない。ほとんどのケアワークは、様々な感情に属する理由によって行われる。それゆえケアワークはもっぱら「非雇用ワーク」であり、「感情労働」(emotional labour) によって捉えられる価値の形態をとる。生産力モデルのメカニズムに対立する第2の要素は、「環境価値」(ecological value) である。われわれが採取する資源、それら資源の利用によって汚染される生態系は、経済価値の源泉である。ロックによる労働と大地の果実を混ぜたものとしての所有の定義は、労働が「能動的」であり自然が「受動的」であると暗黙のうちに定義される労働価値論を生み出した。これに対して、エコロジストは、環境価値はある程度まで数量化し得るかも知れないが、究極的には経済価値を超越すると主張する。自然のあらゆる要素を商品化することは生産力主義の選好する解法ではあるが、それは究極的には自滅的なものである。以上の2つの価値は経済価値の感情的・環境的条件に関連しているが、これらの条件は、経済価値が支配的な雇用社会においては部分的にしか養成されない。そこでフィッツパトリックは、感情価値と環境価値を「再生産」(reproduction) の概念の下に一括し、それらを組み込んだ「再生産価値」(reproductive value) を新しい経済社会の基準として提唱する。再生産価値とは、経済価値の感情的・環境的基礎に関するものであり、その上に経済価値が築かれるものである。そして彼は、これまで福祉国家の支配的理念であった生産力主義の「生産性」(productivity) に対して、ポスト生産力主義の「再生産性」(reproductivity) を対置する。これが彼の「環境福祉」という新しい福祉国家モデルの中心原理である (Fitzpatrick [2003a]

p.4、Fitzpatrick [2003b] pp.95-99) このように、彼の議論はベーシック・インカム論者の掲げる「ポスト生産力主義」概念を、持続可能性原理を明示的に取り入れた原理として再構成することをめざしている。とくにその「再生産価値」の概念は、コモンズ環境主義の観点からも興味深い。

(5) フィッツパトリック [1999] pp.221-230 を参照。彼はそうしたパッケージに含めるべき政策として、労働時間短縮、地域通貨、環境税を挙げている。このそれぞれがベーシック・インカムと結合することによって、労働時間短縮は人々の自律的活動の領域を広げ、地域通貨はケアを含むインフォーマル経済を支え、環境税は持続可能性と共有の論理を実現するとされる。

(6) ロバートソンは、20世紀の経済の型として国家中心の指令経済、ビジネス中心の自由市場経済、政府・ビジネス・労働組合の協調する混合経済の3つを挙げ、これら国家、ビジネス、雇用者・被雇用者をそれぞれ中心とする経済モデルに対して、持続可能性に基づく「人間中心」社会を対置している。彼によれば、持続可能な人間中心社会における政策は、より直接的に人々のニーズに焦点を当て、人々を消費者や被雇用者としてよりも、市民として扱うようになる（Robertson [2005] pp.24-25)。そして彼は、来るべき社会を次のように描いている。「雇用の時代（the employment age)の社会契約は、現在崩れつつある。大多数の市民が土地その他の生産手段と共有資源・価値の分け前から排除され、雇用者が仕事と引き換えに十分な所得を提供することに依存し、失業時には特別な給付支払いのために国家に依存する時代が過ぎ去ろうとしている。新しいポストモダンの社会契約は、全ての市民が自分自身、そして自分たちの社会への貢献のためにより大きな責任を取ることを奨励する社会である。その代わりに、それは『コモンズ』の価値の分け前に対する彼らの権利を認め、そして彼らが現在そうであるような大企業・大きな財政・雇用者・国家への依存がより少なくなることを可能にする社会である」(Robertson [2005] p.55)。

(7) 彼は環境税制改革を、人々の社会に対する肯定的貢献である「付加価値」(value-added) ではなく、人々が利用・独占する共有資源の「控除価値」(value-subtracted) に対して課税するものと位置づけている。

(8) これは課税原則を「汚染者負担」原則 (Polluter Pays Principle) から「利用者負担」原則 (User Pays Principle) へと転換することを意味する。

(9) 市場を通じた資源配分の後に「公正」という政策目標の実現を図る「再分配」に対して、「事前分配」は資源配分の前に分配政策を行うことにより、「公正」の実現を図ろうとする。第6章でデイリーの政策論を論じた際、彼が規模・分配・資源配分の3つを峻別している点において排出権取引を高く評価していることをみたが、同政策における政策目標も「規模→分配→資源配分」の順となっており、ここでも一種の「事前分配」が図られていることが分かる。排出権取引とベーシック・インカム、さらに言えば自由市場環境主義とコモンズ環境主義の双方に、再分配を否定し事前分配を選好する志向性がみられるのである。その理由は、再分配政策にみられる集権的・国家主義的傾向のためであると考えられる。再分配政策は、国家の恣意性・権力性と、市民の「クライアント化」を促進する。それゆえ事前分配政策は、「反国家主義」を標榜するポスト冷戦における環境主義が共通に選好する政策なのである。

(10) この点、ロバートソンは環境税制改革について基本的に肯定的に捉えているのであるが、私は、ロバートソンの拠って立つポスト生産力主義の立場からは、環境税制改革の成長と雇用重視の立場は本来批判されねばならないものであると考える。ポスト生産力主義は「二重の配当」を追求しない。成長と雇用の促進ではなく、それらへの依存性を弱め相対化することが、ポスト生産力主義の戦略なのである。

(11) ヘースケンスも指摘しているように、地球配当構想における自然資源使用量の公的決定と許可証の市民への平等な配分をグローバルなレベルで実現する場合、漁業資源の漁獲高やCO_2排出量のような資源に比べ、化石燃料や鉱物資源においては、資源の国家主権の下それらの埋蔵国が利益を世界の他国と分け合うことを欲しないから、より実現が困難である。こうした場合には、所有権的なアプローチよりも環境税のような環境権型アプローチの方が、より現実的であるかも知れない。

(12) バーネスは、米国スカイ・トラスト構想の概要を以下のようにまとめている (Barnes [2001] p. 133)。

- 炭素排出量の上限が、最初に1990年レベルの13億トンに設定される。
- 取引可能な炭素排出許可証が、炭素連鎖の頂点にあるエネルギー企業に毎年売却される。
- 許可証販売の全収入は、全国規模のトラストに入る。

- トラストは、全アメリカ市民に、等しい年配当を支払う。
- 配当は、個人退職勘定や子供の個人開発勘定では、非課税にすることもできる。
- 炭素排出許可証の初期価格の上限を1トン当り25ドルに設定する。上限は年毎に7％ずつ、4年間引き上げる。
- 10年間の移行基金が、高炭素価格で最も否定的影響を受ける人々を援助する。この基金は許可証収入の25％でスタートし、毎年2.5％ずつ減少する。

(13) バーネスは、ロナルド・コースの外部性理論の本質を、外部性を資産に変換する提案であるとして高く評価している（Barnes [2001] pp. 92-93）。

結語　財政による「環境コモンズ」の再生へ向けて

　本著作で私が明らかにしようとしたのは、自由市場環境主義とコモンズ環境主義という現代における2つの代表的な環境主義の本質と、その対立が有する意味であった。一通りの分析と考察を終えたいま、われわれは、両者の環境主義が生成し拮抗するに至る現代環境主義の構図を、「持続可能性」という新しい規範理念を現代社会が受容する過程として総括することができる。
　持続可能性の理念は、経済成長に第一義的意義を付与する近代の「生産力主義」と、その下で形成された「開発体制」とよぶべき社会経済体制にとって、真に破壊的な理念であった。それゆえ、持続可能性の理念の受容は、様々な社会的コンフリクトをともなう紆余曲折の経過をたどる。それは、社会科学の理論の領域においても同様である。社会理論は、持続可能性の理念を直接的に受容することへの抵抗から、既存の近似・類似概念を用いて、持続可能性理念の代替やときには「すり替え」を行おうとする。
　その点、エコロジー的近代化理論に代表される「効率性アプローチ」は、現代社会において最も広範に見られる持続可能性の代替アプローチということができる。効率性アプローチは、持続可能性の概念を「環境効率性」の概念に置き換え、経済の資源生産性を改善することによって、成長と環境を切り離すことができると主張する。自由市場環境主義とは、このような効率性アプローチの潮流から生まれてきた環境主義であり、反成長主義としての持続可能性の理念を拒否し、環境問題をあくまでも成長主義・生産力主義の枠内で克服しようとする点に、その思想的本質を有している。
　しかし同時に、自由市場環境主義には積極的な意義も認められる。それは、「権利論アプローチ」として、20世紀の成長主義の中で後景化していた「権利」の概念の重要性を復活させたことである。この権利概念の復活は、自由

市場環境主義が、極めて強い「反国家主義」のイデオロギーを有していたことと関連している。確かに、効率性アプローチが市場メカニズムを重視する以上、そして市場メカニズムが私的所有権を前提とする以上、効率性アプローチは私的所有権としての「権利」を重視するものである。その意味では、効率性アプローチもまた、一種の「権利論アプローチ」としての側面を有していることはいうまでもない。しかし、20世紀において国家主導型の生産力主義が支配的になると、権利の理念が「最大多数の最大幸福」すなわち社会全体の効率性の達成という功利主義的な効率性の理念に従属するようになる。「効率性アプローチ」は必ずしも「権利論アプローチ」と同値ではないのである。ピグーの外部性理論や、通常は「権利論アプローチ」の代表的理論とされるコースの社会的費用論にさえ潜んでいる功利主義の作用を徹底して暴き、反功利主義としての「権利論アプローチ」を確立しようとしたのは、オーストリア学派の大きな功績である。

　一方、環境税に代表される環境保全の「財政論アプローチ」は、財政によるコモンズの現代的再建をめざすものとして、本来、コモンズ環境主義と親和的なはずであった。しかし、現代における代表的な財政論アプローチである欧州環境税制改革は、エコロジー的近代化理論をその理論的基礎としており、したがって「効率性アプローチ」の一変種たる性格を有していた。そのため、財政論アプローチは自由市場環境主義から徹底した批判を受けることとなったのである。また、欧州環境税制改革そのものも、成長主義を克服しているとはいいがたい内容を有しており、持続可能性の実現という観点から問題を抱えていたといえる。これに対して、ベーシック・インカム構想は、生産力主義の克服を自己の中心的課題に据えている点で、極めて注目すべき構想である。しかし、われわれが見出したのは、ここでも持続可能性理念の「すり替え」が行われているということであった。すなわち、持続可能性の代替アプローチとしての「分配アプローチ」である。これは、分配政策を通じた労働力の脱商品化によって、成長主義を緩和しようというアプローチであるが、そこでは労働の自立性のモメントが中軸に据えられており、持続可

結語　財政による「環境コモンズ」の再生へ向けて　199

能性の実現はあくまでも副産物として期待されるにとどまっている。

　以上の経過は、持続可能性の理念を社会理論が受容することがいかに困難であるかを示している。この持続可能性の理念を経済学の中に組み込むという課題に正面から取り組んできたのが、ハーマン・デイリーの「最適規模の経済学」である。デイリーは、持続可能性が効率や公正とは位相を全く異にする独立した政策目標であることを理論的に明らかにし、資源配分および分配とならんで、経済の「規模」を持続可能性の実現へ向けた第3の独立した政策目標に据えることを主張した。すなわちデイリーは、これまで述べてきた効率性および分配の各代替アプローチによって持続可能性を実現することが、理論的に不可能であることを明確にしたのである。これは、デイリーの「最適規模の経済学」が達成した巨大な理論的成果であると私は考える。他方、デイリー理論の問題点は、所有論が欠如していること、いいかえれば、コミュニティ論はあるがコモンズ論がないことにある。そのため、ポスト冷戦における環境主義の大前提である、国家主義の否定ないし相対化という点において、明確性を欠く結果になってしまったのである。

　それゆえコモンズ環境主義の財政原理は、持続可能性と共有の論理をつなぐものでなければならない。両者を媒介する概念として本書で到達したのが「レント」の概念である。レント概念は、資源・環境課税を共有の論理の下に権利論的に位置づけるとともに、レントの社会還元を通じて、レントの私的・独占的取得という開発の大きな動力を弱める。また、レント・リサイクルのメカニズムの導入により、持続可能性の論理を明示的に組み込んだ環境財政のシステム構築を可能とする。さらに、レント概念のグローバルな適用を通じて、国民国家の枠組みを否定しようとする。

　もちろん、本書における「レントの経済学」は、まだ端緒となる問題提起を行ったものに過ぎない。私はこれから、レント論の理論的・実証的分析を通じて、「コモンズの財政学」をさらに発展させていきたいと考えている。

　島恭彦は、その著書『近世租税思想史』(1938)の中で、財政学における

「新しい租税思想」の重要性について、次のように述べている。

「新しい思想は旧いレジームの下に成長した新しい生命を支持し、またそれによって支持されるのである。新しい生命は、旧いレジームと権力によって抑圧され死滅しようとする。従ってこの新しい生命は必然的にこの旧いレジームと権力を排除しようとするであろう。また新しい生命を発見した思想家はこの発見を促進しようとするばかりではなしに、この生命の危機に際しては旧いレジームと権力に対して必然的に批判的な姿勢をとらざるを得ないであろう。新しい思想は旧いレジームに執着しない。むしろそのレジームを通じてその奥底に新しい生命と新しい社会的現実を発見しようとする。近世の始まりにおいては、この新しい生命は封建的統制から解放された自由な個人であり、この個人の形成する市民社会であった。新しい思想はこの市民社会を『自然法』にかなえるものとして、旧い権力の支持する『実定法』に対立させた。思想史の中で自然法と実定法の対立した時は同時に社会的現実の対立が激化したときであった。吾々の租税思想史に於ても、右のような新しい思想と旧い思想の対立を見出し、そしてその対立を社会的勢力の対立、抗争として考慮しなければならない」（島［1982］pp. 7-8）。

このように、島は、財政学を「新しい生命」と「旧いレジーム」との対立関係のうちに捉えている。それは財政学における主体形成論である。それでは、環境財政論を支える「新しい生命」とは何か。本書の最後に、この点に関する私の考えをテーゼ風に述べたいと思う。

ロックの『市民政府論』にもあるように、私的所有は、そもそも人の手の及ばない未開の資源を開発するための社会制度であった。その意味で私的所有は、きわめて「フロンティア的」な所有概念であり、そこには「フロンティア感覚」が満たされているということができる。未開の自然から労働を通じて獲得された自然は、資源として経済的利用に用いられることになるのであるが、このプロセスを推進するための論理が「稀少性」であり、そのとき自然という「自由財」は「稀少財」として、経済的価値を有するようになる。

しかし、現在、環境の有限性が明らかとなるにしたがい、自然に対する経

済のアプローチが変更を求められている。すなわち、単に自然を資源としてインプットし、廃棄物としてアウトプットするのではなく、それ自身がより大きな開放系、自然の一部であることを、再び承認せざるを得なくなっている。稀少性には、そうした有限性の概念は含まれていない。ここにおいて稀少性の考え方は時代遅れとなり、持続可能性という「新しい租税思想」が生まれ、それとともに稀少財は「持続可能財」へと転化する。また、フロンティア感覚に代わって、人々が自然を通じて繋がっているのだという「コモンズ感覚」が再生する。

　自由市場環境主義とは、そうした「新しい租税思想」に対する抵抗である。自由市場環境主義は、コモンズ環境主義の財政理念たるコモンズ感覚に対して、フロンティア感覚を対置することにより、自らの延命を図ろうとする。自由市場主義者にとって、人間は未来に対して開かれており、その意味で人間は自由であるというフロンティア感覚こそ、解放感とカタルシスを与えるものであり、人生を価値あるものとするのである。

　確かに、フロンティア感覚の消滅は、世界の死を意味するのかも知れない。しかし、これまで自由市場環境主義、そして経済学それ自体も、そうしたフロンティア感覚の源泉を経済成長に求めてきた。自由市場環境主義が持続可能性の概念を敵視し、あくまで成長にこだわるのはそのためである。しかし、生産力の発展により地球生態系の有限性が明らかになった現在においては、もはやそうしたことは不可能である。なぜなら、成長主義によりフロンティア感覚を満たそうとするとき、そのフロンティア感覚は自らの存立基盤を掘り崩す「擬似フロンティア感覚」に堕してしまうからである。

　近代国家は、それまで地域住民が様々な形で自然からの便益を分け合い享受してきた「環境コモンズ」を分断することによって成立した。コモンズ環境主義は、現代社会における重層的な「環境コモンズ」——地域に根ざした多様な「ローカル・コモンズ」、地域間をつなぐ「リージョナル・コモンズ」、地球規模での「グローバル・コモンズ」——の再生と復権を理念として掲げる。環境財政論を支える「新しい生命」とは、成長主義および国家から解放

された個人であり、この個人の形成する「環境コモンズ」である。コモンズ環境主義がそのような理念として構築されたとき、それは単なる反成長思想であることを止める。義務ではなく、「コモンズ感覚」そしてフロンティア感覚をも取り込んだ実践的価値となる。それゆえコモンズ環境主義の財政学は、現代における多様な「環境コモンズ」の再生を支えるものとなっていかなければならないであろう。

あとがき

　私は大学奉職後まもなく、大学院時代の恩師である寺西俊一教授から、環境問題と税財政の関連について論文を書く機会を与えられた。その成果が、寺西俊一編『新しい環境経済政策』（東洋経済新報社）の第10章「税財政の『グリーン改革』へ向けて」であるが、本論文を執筆する過程で、私は、現代における環境主義を「自由市場とコモンズ」の相克として捉え、現代コモンズ論を環境財政論として構想するという着想を得た。本書は、そうした私のここ数年における研究の成果をまとめたものである。当初私は、環境保全型財政の制度論的・実証的研究を機軸に本研究を進めていくつもりであった。ところが、自由市場環境主義の理論的背景であるオーストリア学派の研究にとりかかったあたりから、理論的な方向に「暴走」してしまい、最終的に本書のような構成に落ち着くこととなった。その意味では、環境保全型財政の本格的な実証研究は、これからの課題に残されている。本書に「環境財政論序説」という副題をつけたゆえんである。

　本書は、環境財政論に関して重要であると思われる理論を私なりの観点から整理したものであり、オリジナルな概念の提起はほとんどない。しかし、環境財政論を自由市場環境主義とコモンズ環境主義の対立図式のうちに考察するという本書の基本的視点には、若干のオリジナリティが含まれているのではないかと考えている。

　本書は私の初めての単著である。研究者として決して生産的であるとはいえない私が、こうして出版にこぎつけることができたのは、多くの人の支えがあったからである。とくに、一橋大学の大学院時代の2人の恩師である、西村可明教授と寺西俊一教授の学恩に感謝したい。西村教授は、私の大学院における指導教官である。私の学問的思考の基礎は、基本的に西村先生によって作られたといっても過言ではない。先生から学んだ最も大きなことの1つは、現実に切り込む「ロジック」の持つ力である。ゼミにおけるわれわれ

院生の曖昧模糊とした発表が、西村先生のロジックを通じてくっきりとした構造を持って浮かび上がってくるのを目の当たりにするのは、いつも大きな驚きであった。私が修士1年のクリスマス・イブの午後、初めての個人研究報告で10ページのレジュメを切ってゼミに臨んだ際に、最初のタイトルから先生の質問攻めにあって3時間で7行しか進まなかったことを、いまもよく憶えている。寺西教授は私の環境経済学の先生である。寺西先生からは、学問における「実践的思考」の重要性を学んだ。しばしば瑣末に走るわれわれの議論に対して、寺西先生は、キーワード化や類型化の方法を駆使して、状況において最も重要な概念を浮き彫りにさせる。それは概念の有する現実変革力である。また、観念論に陥りがちな私にとって、寺西先生から「現場」の重要性を教えていただいたことは大きな経験であった。本書が、2人の先生の学恩に少しでも報いるものであるよう願っている。

　カバーの写真は都市コモンズの宝庫・プラハの街並みであるが、これは桜美林大学名誉教授の齋藤學先生から頂いたものである。先生は私の登山の師匠でもあり、山に登っては自然と芸術を愛する先生の話を伺うのは、私にとって大きな楽しみである。今回、先生に無理を言って写真を所望したのであるが、素晴らしい写真を頂いたことを感謝申し上げたい。

　本書の出版に当っては、時潮社社長の相良景行氏にお世話になった。私の勤務する桜美林大学からは、「2008（平成20）年度学術出版助成」を受けた。また、一橋大学の平田昭子助手には、本書の研究・執筆の間、大変お世話になった。記して感謝する。

　最後に、思うがままに生きることを許してくれた母と亡き父に、本書を捧げる。

2008年1月

片山 博文

参考文献

邦語文献のうち翻訳書は、[ ]内に原著の発行年を、( )内に邦訳の発行年を記した。ただし引用文は、邦訳と必ずしも同じではない。

Anderson, Terry L and Leal, Donald R [1991] Free Market Environmentalism, Pacific Research Institute for Public Policy, San Francisco.

Barg, Stephan [1996] Eliminating Perverse Subsidies: What's the Problem?, in OECD[1996], pp.23-42.

Barnes, Peter [2001] Who Owns the Sky? Our Common Assets and the Future of Capitalism, Island Press, Washington.

Beland, Daniel [2005a] Framing the Ownership Society: Ideas, Institutions, and Neo-Liberal Social Policy.
(http://www.northwestern.edu/rc19/Beland.pdf#search='beland%20framing%20ownership%20society')

Beland, Daniel [2005b] Social Security: History and Politics from the New Deal to the Privatization Debate, University Press of Kansas, Kansas.

Beuermann, C and Santarius, T [2006] Ecological tax reform in Germany: handling two hot potatoes at the same time, Energy Policy 34, pp.917-929.

Bollier, David [2004] Using Stakeholder Trusts to Reclaim Common Assets.
(http://www.bollier.org/pdf/Oxfordremarks.pdf)

Burnett, H Sterling [2006] Protecting the Environment Through the Ownership Society-Part One, NCPA Policy Report No.282.
(http://www.ncpa.org/pub/st/st282/st282.pdf)

Clark, Colin W [1973] Profit Maximization and the Extinction of Animal species, Journal of Political Economy, Vol.81, No.4, pp.950-961.

Clinch, J P, Dunne, L and Dresner, S [2006] Environmental and wider implications of political impediments to environmental tax reform, Energy Policy 34, pp.960-970.

Clinch, J Peter, Schlegelmilch, Kai, Sprenger, Rolf-Ulrich, and Triebswetter, Ursula ed. [2002] Greening the Budget, Edward Elgar, UK.

Cole, Daniel H [2002] Pollution and Property: Comparing Ownership Institutions for Environmental Protection, Cambridge University Press, Cambridge.

Cordato, Roy E [1992] Welfare Economics and Externalities In An Open Ended Universe : A Modern Austrian Perspective, Kluwer Academic Publishers, Boston.

Daly, Herman E [1996] Beyond Growth, Beacon Press, Boston.

Daly, Herman E [1999] Ecological Economics and the Ecology of Economics, Edward Elgar, UK.

Daly, Herman E and Cobb, Jr. John B [1994] For the Common Good, Beacon Press, Boston.

De Moor, Andre and van Beers, Cees [2002] The perversity of government subsidies for energy and water, in Clinch et al. ed. [2002], pp.24-44.

Deroubaix, J-F and Levegue, F [2006] The rise and fall of French Ecological Tax Reform: social acceptability versus political feasibility in the energy tax implementation process, Energy Policy 34, pp.940-949.

Dresner, S, Dunne, L, Clinch, P and Beuermann, C [2006] Social and political responses to ecological tax reform in Europe: an introduction to the special issue, Energy Policy 34, pp.895-904.

Dresner, S, Jackson, T and Gilbert, N [2006] History and Social responses to environmental tax reform in the United Kingdom, Energy Policy 34, pp. 930-939.

European Commission [1993] White paper on growth, competitiveness and employment : the challenges and ways forward into the 21st century, COM (93)700.

European Environment Agency (EEA) [1996] Environmental Taxes-Implementation and Environmental Effectiveness, EEA.

EEA [1998] Environment in the European Union at the turn of the century.

EEA [2000] Environmental Taxes-Recent Developments in Tools for Integration, EEA.

EEA [2005] Market-based instruments for environmental policy in Europe, EEA, Copenhagen.

Fitzpatrick, Tony [2003a] A Post-Productivist Future for Social Democracy? (http://www.kuleuven.ac.be/socialtheoryeurope/STESA-03/Tony_Fitzpatrick.

pdf)

Fitzpatrick, Tony [2003b] After the new social democracy: Social welfare for the twenty-first century, Manchester University Press, Manchester.

Fitzpatrick, T and Cahill, M ed. [2002] Environment and Welfare: Towards a Green Social Policy, Palgrave Macmillan, New York.

Gee, D [1997] Economic Tax Reform in Europe- Opportunities and Obstacle, in O'Riordan T. ed. [1997] Ecotaxation, Earthscan Publisher, pp.81-105.

Goodin, Robert E [2001] Work and Welfare: Towards a Post-productivist Welfare Regime, British Journal of Political Science 31, pp.13-39.

Green Scissors [1999] Green Scissors 99.
(http://www.foe.org/eco/scissors99/GreenScissors.pdf)

Hajel, Maarten A [1995] The Politics of Environmental Discourse: Ecological Modernization and the Policy Process, Oxford University Press, Oxford.

Heeskens, Rene [2005] Earth Dividend and Global Basic Income: A Promising Partnership. (http://www.globalincome.org/English/Earth-Dividend.html)

Huber, Joseph [2000] Towards Industrial Ecology: Sustainable Development as a Concept of Ecological Modernization, Journal of Environmental Policy & Planning 2, pp.269-285.

Jordan, A, Wurzel, R K W and Zito, A R [2003] New instruments of environmental governance: patterns and pathways of change, in Jordan, A, Wurzel, R K W and Zito, A R ed. [2003] New instruments of environmental governance? National experience and prospects, Frank Cass, London, pp.1-26.

Klok, J, Larsen, A, Dahl, A and Hansen, K [2006] Ecological Tax Reform in Denmark: history and social acceptability, Energy Policy 34, pp.905-916.

Koplow, Doug [1996] Energy Subsidies and the Environment, in OECD [1996], pp. 201-218.

Kripke, Gawain [2002] Promoting green budget reforms in the USA: the experience of Friends of the Earth, in Clinch et al. ed. [2002], pp.45-61.

Lachmmann, Ludwig M [1976] "On the Central Concept of Austrian Economics: Market Process", in Dolan, Edwin G ed., The Foundations of Modern Austrian Economics, Sheed & Ward, Inc., Kansas.

Littlechild, S C [1978] "The Problem of Social Cost", in Spadaro, Louis M ed.,

New Directions in Austrian Economics, Sheed Andrews and McMeel, Inc., Kanzas.

Meyer, Aubrey [2000] Contraction & Convergence: The Global Solution to Climate Change, Green Books for The Schumacher Society, UK.

Myers, Norman and Kent, Fennifer [2001] Perverse Subsidies, Island Press, Washington DC.

Mol, Auther P J [1995] The Refinement of Production: Ecological Modernization Theory and the Chemical Industry, Van Arkel, Utrench.

Mol, Auther P J [1996] Ecological Modernisation and Institutional Reflexivity: Environmental Reform in the Late Modern Age, Environmental Politics, Vol.5 No.2, pp.302-323.

Mol, Auther P J [2000] The Environmental Movement in an Era of Ecological Modernization, Geoforum 31, pp.45-56.

Murphy, Joseph [2000] Ecological Modernization, Geoforum 31, pp.1-8.

Oates, Wallace E [1988] "A Pollution Tax Makes Sense", in Stein, H ed., Tax Policy in the Twenty-first Century, John Wiley & Sons, Inc., New York.

Organisation for Economic Cooperation and Development (OECD) [1996] Subsidies and Environment.

OECD [1997a] Enrionmental Taxes and Green Tax Reform.

OECD [1997b] Reforming Energy and Transport Subsidies.

OECD [1998] Improving the Environment through Reducing Subsidies Part Ⅱ.

Orfeuil, Jean-Pierre [1996] Transport Subsidies and the Environment, in OECD [1996], pp.163-174.

Palmer, Tom [2004] Great Thinkers on How an Ownership Society Fosters Responsibility, Liberty, Prosperity.
(https://www.cato.org/special/ownership_society/palmer.html)

Quadagno, Jill [1998] Creating a Capital Investment Welfare State: the New American Exceptionalism, American Sociological Review, Vol.64, pp.1-10.

Robertson, James [2002] Eco-Taxation in a Green Society, in Fitzpatrick and Cahill [2002].

Robertson, James [2003] The Role of Money and Finance: Changing a Central

Part of the Problem into a Central Part of the Solution.
 (http://www.jamesrobertson.com/article/roleofmoneyandfinance.pdf)
Robertson, James [2005] The New Economics of Sustainable Development.
 (http://www.jamesrobertson.com/book/neweconomicsofsustainabledevelopment.pdf)
Rothbard, Murray N [1962] Man, Economy, and State Vol. 1, D. Van Nostrand Company, Inc., Princeton.
Spaargaren, Gert [2000] Ecological Modernization Theory and the Changing Discourse on Environment and Modernity, in Spaargaren, Gert, Mol, Arthur P J and Buttel, Frederick H ed. [2000] Environment and Global Modernity, Sage, London, pp.41-71.
Steenblik, Ronald P [1995] A note on the concept of `subsidy`, Energy Policy, vol. 23, no.6, pp.483-484.
Stroup, Richard L and Goodman, Sandra L [1992] Property Rights, Environmental Resources, and the Future, Harvard Journal of Law & Public Policy, vol.15, number 2, pp.427-454.
Taylor, Robert [1992] Economics, Ecology and Exchange: Free Market Environmentalism, Humane Studies Review, vol.8, No.1, Fall.
 (http://osf1.gmu.edu/"ihs/f92essay.html)
Thompson, Andrew McFee [1996] Free Market Environmentalism and the Common Law: Confusion, Nostalgia and Inconsistency, Emory Law Journal 45(41), pp.1329-1372.
Van Beers, Cees and de Moor, Andre [2001] The impact of perverse subsidies on international trade and the environment, in Ronaldo Seroa da Motta ed. Environmental Economics and Policy Making in Developing Countries, Edward Elgar, UK, pp.36-48.
Van Parijs, Philippe [2000] A Basic Income for All.
 (http://www.bostonreview.net/BR25.5/vanparijs.html)
Van Parijs, Philippe [2006] Basic Income: A simple and powerful idea for the twenty-first century, in Ackerman B., Alstott A. and Van Parijs P. ed. [2006] Redesigning Distribution: Basic income and stakeholder grants as alternative cornerstones for a more egalitarian capitalism, Verso, London.
Wallart, Nicolas [1999] The Political Economy of Environmental Taxes, Edward

Elgar, Cheltenham.
Yoke, R and Rosa, E A [2003] Key Challenges to Ecological Modernization Theory: Institutional Efficacy, Case Study Evidence, Units of Analysis, and the Pace of Eco-Efficiency, Organization & Environment, Vol.16 No.3, pp.273-288.
足立治郎[2004]『環境税　税財政改革と持続可能な福祉社会』築地書館。
植田和弘[1996]「環境制御と行財政システム」『経済論叢（京都大学）』第158巻第6号。
植田和弘[1997]「環境税をめぐる諸問題」『経済論叢別冊　調査と研究（京都大学）』第13号。
植田和弘・落合仁司・北畠佳房・寺西俊一[1991]『環境経済学』、有斐閣ブックス。
ヴォーン[1994]『オーストリア経済学―アメリカにおけるその発展』渡部茂・中島正人訳、学文社（2000）。
エスピン-アンデルセン[2001]『福祉資本主義の三つの世界』岡沢憲芙・宮本太郎監訳、ミネルヴァ書房（2001）。
大川正彦[1997]「共同体主義による所有的個人主義批判―マクファーソン、テイラー、ウォルツァー―」『早稲田政治公法研究』第54号、pp.185-214。
小沢修司[2004]「ベーシック・インカム構想と新しい社会政策の可能性」社会政策学会編『新しい社会政策の構想－20世紀的前提を問う―』社会政策学会誌第11号、法律文化社所収。
オドリスコル、リッツォ[1985]『時間と無知の経済学　ネオ・オーストリア学派宣言』橋本努・井上匡子・橋本千津子訳、勁草書房（1999）。
片山博文[2002]「自由市場環境主義と自生的秩序」『桜美林エコノミックス』第47号、pp.1-14。
片山博文[2003a]「オーストリア学派の外部性概念について」『桜美林エコノミックス』第48・49合併号、pp.47-64。
片山博文[2003b]「補助金グリーン改革の諸相」『桜美林大学産業研究所年報』第21号、pp.19-40。
片山博文[2003c]「税財政の『グリーン改革』に向けて」寺西俊一編[2003]『新しい環境経済政策』東洋経済新報社所収（第10章）。
片山博文[2004]「最適規模とコミュニティの経済学―ハーマン・デイリーの諸説によせて」『桜美林エコノミックス』第50・51合併号、pp.33-51。

参考文献

片山博文[2007]「所有権社会における私有化と環境保全」『桜美林エコノミックス』第54号、pp.19-38。
ギデンズ[1998]『第三の道―効率と公正の新たな同盟』佐和隆光訳、日本経済新聞社 (1999)。
葛生栄二郎[1998]『自由社会の自然法論』法律文化社。
工藤秀明[2002]「エントロピーとエコロジーの経済学」佐和隆光・植田和弘編『環境の経済理論』(岩波講座環境経済・政策学第1巻)岩波書店。
コース[1988]『企業・市場・法』宮沢健一・後藤晃・藤垣芳文訳、東洋経済新報社 (1992)。
塩野谷祐一[1995]『シュンペーター的思考』東洋経済新報社。
塩野谷祐一・鈴村興太郎・後藤玲子編[2004]『福祉の公共哲学』東京大学出版会。
渋谷博史[2003]「アメリカ型福祉国家の分析視角」渋谷・渡瀬・樋口編[2003]所収 (第1章)。
渋谷博史・中浜隆編[2006]『アメリカの年金と医療』日本経済評論社。
渋谷博史・樋口均[2006]「アメリカ型福祉国家」渋谷・中浜編[2006]所収 (序章)。
渋谷博史・渡瀬義男・樋口均編[2003]『アメリカの福祉国家システム』東京大学出版会。
島恭彦[1982]『財政思想史 島恭彦著作集第1巻』有斐閣。
シュムペーター[1954]『経済分析の歴史Ⅰ』東畑精一訳、岩波書店 (1955)。
新川敏光[2004]「福祉国家の改革原理―生産主義から脱生産主義へ―」塩野谷他編[2004]所収 (第11章)。
神野直彦[1998]『システム改革の政治経済学』岩波書店。
神野直彦[2002]『財政学』有斐閣。
竹内恒夫[2004]『環境構造改革―ドイツの経験から―』リサイクル文化社。
武川正吾[1990]「社会政策における＜privatization＞―上―」『季刊・社会保障研究』Vol.26、No.2、pp.151-160。
武川正吾[1999]「私的年金と私的医療―社会保障民営化の実験―」武川・塩野谷編[1999]所収 (第16章)。
武川正吾・塩野谷祐一編[1999]『先進諸国の社会保障① イギリス』東京大学出版会。
玉野井芳郎[1978]『エコノミーとエコロジー』みすず書房。
寺西俊一[1997]「＜環境コスト＞と費用負担問題」『環境と公害』第26巻第4号。
中村秀一[1992]『現代の経済政策思想―アンチ・マネジリアル・レヴォリューション』

日本評論社。
中村秀一[1994]「モダン・オーストリアンの市場プロセス・アプローチ―『カタラクシー的効率性』の概念をめぐって―」日本経済政策学会編『日本経済政策学会年報XLⅡ　日本の社会経済システム』勁草書房、pp. 99-107。
日本地方財政学会編[2001]『環境と開発の地方財政』勁草書房。
ハイエク[1949]『個人主義と経済秩序』嘉治元郎・嘉治佐代訳、春秋社（1990）。
ハイエク[1973]『ルールと秩序―法と自由と立法Ⅰ』矢島鈞次・水吉俊彦訳、春秋社（1987）。
ハイエク[1976]『社会正義の幻想―法と立法と自由Ⅱ』篠塚慎吾訳、春秋社（1987）。
ハイエク[1979]『自由人の政治的秩序―法と自由と立法Ⅲ』渡部茂訳、春秋社（1988）。
バーネット[1998]『自由の構造』嶋津格・森村進監訳、木鐸社（2000）。
ハイデガー[1927]『存在と時間　上』細谷貞雄訳、ちくま学芸文庫（1994）。
ハイルブローナー、ミルバーグ[1995]『現代経済学　ビジョンの危機』工藤秀明訳、岩波書店（2003）。
パスモア[1974]『自然に対する人間の責任』間瀬啓允訳、岩波現代選書（1979）。
平野仁彦[1993]「功利主義論争」田中成明編『現代理論法学入門』法律文化社。
広井良典[2006]『持続可能な福祉社会』ちくま新書。
フィッツパトリック[1999]『自由と保障　ベーシック・インカム論争』武川正吾・菊池英明訳、勁草書房（2005）。
ブキャナン[1969]『選択のコスト』山田太門訳、春秋社（1988）。
藤田香[2001]『環境税制改革の研究』ミネルヴァ書房。
ブローデル[1966]『地中海　Ⅰ環境の役割』浜名優美訳、藤原書店（1991）。
ボールズ、ギンタス[1998]『平等主義の政治経済学』遠山弘徳訳、大村書店（2002）。
ポランニー[1947]「時代遅れの市場志向」ポランニー『経済の文明史』玉野井芳郎・平野健一郎編訳、ちくま学芸文庫（2003）所収（第2章）。
マクファーソン[1962]『所有個人主義の政治理論』藤野渉・将積茂・瀬沼長一郎訳、合同出版（1980）。
マクファーソン[1973]『民主主義論』西尾敬義・藤本博訳、田口富久治監修、青木書店（1978）。
丸山正次[2006]『環境政治理論』風行社。

参考文献

ミーゼス[1966]『ヒューマン・アクション』村田稔雄訳、春秋社（1991）。

宮本憲一[1989]『環境経済学』岩波書店。

宮本憲一編[1990]『補助金の政治経済学』朝日選書。

宮本太郎[2004]「就労・福祉・ワークフェア―福祉国家再編をめぐる新しい対立軸―」塩野谷他編[2004]所収（第12章）。

ミル[1848]『経済学原理（二）』末永茂喜訳、岩波文庫（1960）。

諸冨徹[2000]『環境税の理論と実際』有斐閣。

吉田健三[2006a]「確定給付型の企業年金―受給権の財産化とその限界―」渋谷・中浜編[2006]所収（第2章）。

吉田健三[2006b]「確定拠出型の企業年金―財産化された受給権とその帰結」渋谷・中浜編[2006]所収（第3章）。

ロザンヴァロン[1989]『ユートピア的資本主義』長谷俊雄訳、国文社（1990）。

著者略歴

片山　博文（かたやま・ひろふみ）

桜美林大学リベラルアーツ学群准教授。専門は環境経済学、比較経済体制論。1963年生まれ。一橋大学大学院経済学研究科博士後期課程単位取得退学。

主な論文
「環境問題──『負の遺産』と市場経済化のはざまで」岩崎一郎・宇山智彦・小松久男編著『現代中央アジア論』日本評論社、2004年所収。
「国際炭素市場とロシア移行経済」池本修一・岩崎一郎・杉浦史和編著『グローバリゼーションと体制移行の経済学』文真堂、2008年所収。

自由市場とコモンズ
──環境財政論序説──

2008年5月10日　第1版第1刷
定価　3200円＋税

著　者	片　山　博　文 ©
発行人	相　良　景　行
発行所	㈲　時　潮　社

174-0063　東京都板橋区前野町4-62-15
電　話　(03) 5915-9046
ＦＡＸ　(03) 5970-4030
郵便振替　00190-7-741179　時潮社
URL http://www.jichosha.jp
E-mail kikaku@jichosha.jp

印刷所	㈲　相良整版印刷
製本所	仲　佐　製　本

乱丁本・落丁本はお取り替えします。

ISBN978-4-7888-0628-3

時潮社の本

2050年　自然エネルギー100％（増補改訂版）
エコ・エネルギー社会への提言
藤井石根〔監修〕フォーラム平和・人権・環境〔編〕

Ａ５判・並製・280頁・定価2000円（税別）

「エネルギー消費半減社会」を実現し、危ない原子力発電や高い石油に頼らず、風力・太陽エネルギー・バイオマス・地熱など再生可能な自然エネルギーでまかなうエコ社会実現のシナリオ。『朝日新聞』激賞

実践の環境倫理学
肉食・タバコ・クルマ社会へのオルタナティヴ
田上孝一著

Ａ５判・並製・202頁・定価2800円（税別）

応用倫理学の教科書である本書は、第1部で倫理学の基本的考え方を平易に解説し、第2部で環境問題への倫理学の適用を試みた。現行の支配的ライフスタイルを越えるための「ベジタリアンの倫理」に基づく本書提言は鮮烈である。

社会的企業が拓く市民的公共性の新次元
持続可能な経済・社会システムへの「もう一つの構造改革」
粕谷信次著

Ａ５判・並製・342頁・定価3500円（税別）

格差・社会的排除の拡大、テロ一反テロ戦争のさらなる拡大、地球環境の破壊――この地球で持続可能なシステムの確立は？　企業と政府セクターに抗した第3セクターに展望を見出す、連帯経済派学者の渾身の提起。『大原社問研雑誌』で書評

国際環境論〈増補改訂〉
長谷敏夫著

Ａ５判・並製・264頁・定価2800円（税別）

とどまらない資源の収奪とエネルギーの消費のもと、深刻化する環境汚染にどう取り組むか。身のまわりの解決策から説き起こし、国連を初めとした国際組織、ＮＧＯなどの取組みの現状と問題点を紹介し、環境倫理の確立を主張する。ロング・セラーの増補改訂版。